Incorporação
e o Sentido da Vida

Mediunidade como Propósito de Vida

Alexândre Cumino

Incorporação e o Sentido da Vida

Mediunidade como Propósito de Vida

© 2025, Madras Editora Ltda.

Editor:
Wagner Veneziani Costa (*in memoriam*)

Produção e Capa:
Equipe Técnica Madras

Revisão:
Silvia Massimini Felix
Neuza Rosa

Dados Internacionais de Catalogação na Publicação (CIP)
(Câmara Brasileira do Livro, SP, Brasil)

Cumino, Alexândre
Incorporação e o sentido da vida : mediunidade como propósito de vida / Alexândre Cumino. --
São Paulo, SP : Madras Editora, 2025.
2.ed
Bibliografia.

ISBN 978-65-5620-067-5

1. Mediunidade 2. Religiões afro-brasileiras
3. Umbanda (Culto) - Rituais I. Título.

23-164606 CDD-299.672

Índices para catálogo sistemático:
1. Umbanda : Religião 299.672
Tábata Alves da Silva - Bibliotecária - CRB-8/9253

Proibida a reprodução total ou parcial desta obra, de qualquer forma ou por qualquer meio eletrônico, mecânico, inclusive por meio de processos xerográficos, incluindo ainda o uso da internet, sem a permissão expressa da Madras Editora, na pessoa de seu editor (Lei nº 9.610, de 19/2/1998).

Todos os direitos desta edição reservados pela

MADRAS EDITORA LTDA.
Rua Paulo Gonçalves, 88 — Santana
CEP: 02403-020 — São Paulo/SP
Tel.: (11) 2281-5555 – (11) 98128-7754
www.madras.com.br

"Dizem que o que todos procuramos é um sentido para a vida. Não penso que seja assim. Penso que o que estamos procurando é uma experiência de estar vivos, de modo que nossas experiências de vida, no plano puramente físico, tenham ressonância no interior do nosso ser e da nossa realidade mais íntimos, de modo que realmente sintamos o enlevo de estar vivos."

Joseph Campbell[1]

---

1. Joseph Campbell, *O poder do mito*, São Paulo, Palas Athena, 1990, p. 3.

Agradecimentos

À minha mãe, a primeira orientadora na espiritualidade, e a meu pai que forjou meu caráter, disciplina e força para conquistar o que me é de direito.

Ao pai, amigo, irmão e mestre Rubens Saraceni, pelo incentivo constante ao estudo de todas as religiões e aprimoramento pessoal, para melhor compreender a Umbanda Sagrada.

Ao amigo e mestre e coordenador do curso de Ciências da Religião nessa instituição, prof. dr. Antônio Boeing, pela paciência com que sempre me acolheu perante minhas limitações e dificuldades.

À amiga e mestra profa. dra. Patricia Ricardo de Souza, por aceitar ser minha orientadora e pela maestria com que conduz seu trabalho, tornando tudo muito mais simples à luz de sua profundidade de conhecimentos, na área de estudos das culturas afro-brasileiras e afro-indígenas em geral.

Dedicatória

    Dedico este livro à memória de meu Mestre Rubens Saraceni, que sempre me incentivou ao estudo e à escrita sobre religiões em geral e Umbanda em específico. Tivemos longas conversas sobre as diversas matérias de Ciências da Religião, as quais o encantavam como tudo pertinente a esse assunto. Sua visão e abordagem eram de alguém que conhecia de perto e de dentro as principais questões estudadas em nível acadêmico. Antes de desencarnar, um de seus pedidos foi para eu continuar a escrever e publicar para a Umbanda, portanto aqui estou com esta monografia, e em tudo o Mestre é e sempre será muito presente.

Índice

Introdução à Nova Edição 13
Apresentação 15
Prefácio à Nova Edição 17
Prefácio I 23
Prefácio II 25
Prólogo 27
Resumo 29
Introdução 33
Capítulo I – Religiões Mediúnicas e Transe 45
    1.1 Religiões Mediúnicas 45
    1.2 Transe 48
    1.3 Recrutamento do Xamã 59
Capítulo II – O Transe Mediúnico na Umbanda 63
    2.1 Umbanda 63
    2.2 O Ritual da Umbanda 69
    2.3 Transe na Umbanda 71
Capítulo III – O Transe Como Produtor de Sentido 75
    3.1 Transe e Sentido 75
    3.2 Sentido do Transe no Candomblé 82

3.3 Arquétipo e Transe 86
3.4 Arquétipo e Transe como Produtores
de Sentido na Umbanda 88
Conclusão 91
Referências Bibliográficas 93
Apêndice I 95
Literatura Científica: um Olhar de Fora 97
Crítica de Fora 127
Apêndice II 139
Maria na Umbanda: Entre Santos e Orixás 141
Bibliografia 149

Introdução à Nova Edição

Este livro já foi publicado com outro título: *Umbanda e o Sentido da Vida*; no entanto, o objeto deste trabalho é a mediunidade de incorporação como um sentido para a vida. Acredito que, com esta mudança, a obra chamará muito mais atenção para seu real foco e, assim, chegará a quem mais interessa, aos médiuns e estudiosos ou pesquisadores do fenômeno Incorporação.

Este despretensioso estudo é o meu TCC do Curso de Bacharelado em Ciências da Religião, cursado na Uniclar, estudo este que muito me orgulha e que deu um norte na minha vida de pesquisador das diversas religiões.

Incorporação é uma tecnologia da alma, algo ancestral do ser humano que transcende em muito, inclusive, os conceitos e classificações de Kardec.

Os estudos de Xamanismo mais ancestrais e primitivos nos mostram o quanto as técnicas de transe fazem parte da humanidade, desde que surgiu o *homo sapiens* enterrando seus mortos com rituais que comunicam com a vida além da matéria.

Comunicar com espíritos, deuses, seres encantados, forças da natureza e outras formas de vida ou consciência é algo que está presente em todas as culturas ancestrais e originárias ao redor do mundo, nas mais diversas culturas.

É possível ver um Caboclo incorporar na Umbanda, bem como ver o mesmo Caboclo incorporar no Espiritismo, na Encantaria, na

Jurema, no Candomblé de Caboclo, na Pajelança e em outras tradições ou religiões. Por esse fato, é possível atestar que a incorporação não é privilégio desta ou daquela religião, e sim um fenômeno de transcendência humana que está além de qualquer segmentação. Inclusive o Caboclo e sua manifestação também estão além da segmentação. Poderíamos dizer até mesmo que o Caboclo não tem religião, pois se manifesta em muitas delas, que as religiões são estruturas criadas pelos encarnados para organizar sua espiritualidade dentro de seus dogmas, padrões e limitações representados nas diversas doutrinas e rituais. O Caboclo e sua incorporação fazem parte de uma espiritualidade livre, que será moldada segundo a visão de mundo do médium, muitas vezes "adestrada" para se encaixar no modelo de certa religião. No entanto, há de se observar que somos nós quem criamos os limites de nosso mundo a partir de nossas crenças limitantes.

Se você conseguir ir além de seus limites, poderá ver o fenômeno de incorporação como um sentido para a vida. Incorporar é abrir corpo, mente e espírito para outras realidades de mundo, é permitir ser atravessado por outras verdades e observar o mundo com outros olhos. Quem é você depois de observar o mundo com os olhos de Caboclo, Criança, Preto-Velho, Exu, Pombagira? Como fica seu mundo após ser atravessado por outros mundos de verdades tão fortes que fazem sua carne tremer? Onde fica seu coração e o sentido de sua vida ao vestir e incorporar verdades tão fortes para sua vida?

Boa leitura!

Alexândre Cumino

Apresentação

Desde que ouvi o Cumino pela primeira vez entendi uma das missões dele com a Umbanda, que é a de passar informação. Historiador, contador, religioso e imparcial. Traduz todas as diferenças em um só pensamento, no livro.

Quando li a primeira obra dele (*História da Umbanda*[2]), entendi de onde veio o preconceito com a Umbanda. Em seus relatos de fatos históricos de nosso Brasil, pesquisou em delegacias, terreiros, cartórios e nos deu o conhecimento de um Rio de Janeiro com uma religião especial, nobre e que, por perseguição política, teve de ser praticada com os atabaques mudos. Em seu livro entendi a origem do preconceito que até hoje nos atormenta.

Cumino passou o conhecimento. Ele tem muita facilidade nisto! Logo em seguida fez seu segundo livro de Umbanda (*Umbanda não é Macumba*[3]), que eu carinhosamente chamo de *Cartilha de Umbanda*. Sei que é um apelido muito banal, porém a grande qualidade dele é esta. Simples, claro e objetivo. Qualquer pessoa que ler entenderá o que é a Umbanda e suas diferenças, e principalmente suas semelhanças. Sim, esta é mais uma missão do Cumino. Mostrar o diferente com muita semelhança! Ele não julga e não tende nem para o rito que ele mesmo pratica, apenas ensina.

---

2. *História da Umbanda*, Alexandre Cumino, Madras Editora, 2010.
3. *Umbanda não é Macumba*, Alexandre Cumino, Madras Editora, 2014.

Agora me deparei com uma monografia, que é um trabalho específico, mas no decorrer das páginas encontro o Alê novamente dividindo seu conhecimento com sua narrativa justa, compreensível e esclarecedora.

Como médium, coloquei-me em cada transe, fui deusa, fui xamã, e como dirigente, entendi por que a epilepsia tem muita cura na Umbanda. Alexandre Cumino é assim: um escritor missionário, um homem que esclarece, uma fonte para se beber como água límpida e clara, com gosto e forma.

Mãe Lucilia de Iemanjá
Dirigente espiritual do Terreiro do Pai Maneco – Curitiba/ PR
(Templo fundado por seu pai carnal,
o querido e saudoso Pai Fernando Guimarães)

Prefácio à Nova Edição

Em algum momento da vida pode acontecer de tudo perder o sentido, às vezes o término de um relacionamento, uma falência financeira, um momento de desemprego ou qualquer outra situação em que seu racional não dá conta de resolver, sua mente consciente não acha uma saída neste mundo material. Nesse caso, muitas vezes ocorre de seu inconsciente abrir portas de percepção para um outro mundo, algo em você busca respostas em realidades que estão além do seu dia a dia ordinário.

"De uma hora para outra, do nada," você começa a ouvir vozes, sentir o mundo espiritual, ter experiências mediúnicas de transcendência que parecem involuntárias, porém há uma razão, é sua mente inconsciente buscando soluções em outras realidades, as quais o racional não dá conta de entender.

Para muitos, esse é "o caminho da dor"; como dizem os mais velhos: "quem não vem pelo amor vem pela dor". Essa frase faz parecer que não temos livre-arbítrio, que não temos escolha, no entanto, mesmo pela dor estamos sempre escolhendo qual caminho trilhar.

É um fenômeno humano, o que hoje se chama mediunidade, são tecnologias da alma humana, profundamente ligadas ao corpo, mente e espírito, que afloram em momentos de crise, na busca por soluções e sentido para uma vida que possa ir além do fugaz, do ordinário.

Nos estudos de Mircea Eliade sobre experiências de xamanismo em diversas culturas originárias, essa situação é chamada de "doença xamânica", que é identificada quando alguém tem um mal que nenhum médico cura; então surgem hipóteses de que podem ser doenças e desordens de fundo espiritual. Nessas histórias de xamãs, às vezes a própria pessoa se cura como um despertar espiritual, passa por uma experiência de contato ou revelação espiritual, cura-se e torna-se um curador, um médium ou um mestre espiritual que já trilhou esse caminho e consegue curar outras pessoas em situação semelhante.

Nessa mesma situação, todos os dias, milhares de pessoas buscam o caminho da mediunidade; por vezes, o desenvolvimento mediúnico por si só já traz curas e benefícios para a vida do médium, do xamã, do curador. Assim foi com Zélio de Moraes e Chico Xavier, apenas para citar duas referências muito conhecidas da Umbanda e do Espiritismo.

Quando a pessoa começa a ter experiências mediúnicas em desequilíbrio, os curiosos e até mesmo os médiuns menos experientes logo acreditam estar diante de pessoas obsediadas ou magiadas. Se vão a um centro espírita, são encaminhados para desobsessão; num terreiro de Umbanda, ficam para os trabalhos de cortes de demandas; bem, se forem para uma igreja, serão exorcizados nas sessões de desencapetamento. No entanto, tudo que precisam é apenas de um acolhimento e desenvolvimento mediúnico.

É importante dizer que ninguém incorpora sem querer, contra a vontade; a incorporação é uma porta que abre por dentro, se não está abrindo de forma consciente, está sendo aberta de modo inconsciente, mas o que move a pessoa é a vontade de viver essa experiência, por necessidade, por curiosidade, por encantamento, por carência, por ocupar um lugar de vítima ou pelo aflorar de uma nova realidade. A experiência de incorporação é maravilhosa para quem tem uma qualidade de vida saudável, e pode ser desafiadora ou desastrosa quando o médium vive preso em realidades de vida não saudável.

O desenvolvimento mediúnico não é algo perigoso como alardeiam os temerosos da própria sombra, no entanto nos vemos diante de muitos questionamentos sobre o bem e o mal, o certo e o errado, sanidade e loucura. Muitas vezes, enfrentamos nossas próprias sombras, ou inferno particular, por isso é indispensável acolhimento, responsabilidade e determinação ao bem.

Quando não, o despertar mediúnico é confundido com loucura. A grande diferença entre mediunidade e loucura é que a mediunidade dá um sentido para a vida e a loucura tira completamente o sentido da mesma. Ainda assim, durante um desenvolvimento mediúnico, o próprio médium põe em xeque sua própria sanidade; ao desenvolver a mediunidade de incorporação, todo médium passa pelo questionamento "sou eu ou é o guia espiritual quem está no controle deste corpo?", "Estou ficando louco?", "Estou me enganando?", "Estou enganando os outros?". Por mais difícil que pareça se fazer essas perguntas, são elas que atestam a idoneidade do médium ao não querer se ludibriar e muito menos aos outros.

Esse questionamento pode durar muito tempo, e pode mesmo não passar, caso falte cuidado, estudo, acolhimento e orientação certeira de quem já trilhou o mesmo caminho.

Só depois de algum tempo, por meio de experiências inquestionáveis, o médium vai ganhando confiança nas manifestações e aprendendo a criar um relacionamento de intimidade com essas entidades que se manifestam em seu corpo. É um processo lento e delicado, as entidades que se manifestam o fazem pela visão de mundo do médium, o que causa muita confusão ou leva a crer em mistificação ou animismo.

Nosso corpo é um "hardware", como um computador; nossa mente roda um "software", e para a grande maioria das pessoas, a entidade que incorpora compartilha, em parceria com o médium, um mesmo "hardware" e um mesmo "software", ou seja, se o médium fala português e foi criado em determinada realidade, a entidade se manifesta a partir do mundo desse médium. É comum, para dar um exemplo, um médium que cresceu e vive em uma realidade violenta, receber entidades que se comunicam de forma violenta, como algo natural à realidade daquele médium. Observa-se muito isso nas incorporações de Exu, por exemplo. Exu representa uma autoridade que se impõe, é comum esse comportamento reproduzir algo parecido com o comportamento do pai daquele médium, pois inconscientemente é isso o que ele entende e respeita como comportamento de "autoridade".

Por isso, para ter comunicações cada vez mais "limpas", o médium precisa também expandir a consciência, curar-se de muitas dores e abrir seu campo para que, em parceria mediúnica de incorporação, a entidade possa manifestar o que há de melhor para além da realidade daquele médium. São facetas da mediunidade, que muitas vezes se confundem com animismo ou mistificação. Animismo é quando o próprio médium está produzindo o que está ali se manifestando, sem muita consciência de tal fato. Mistificação é quando o médium tem intenção de enganar. Em um ambiente de amorosidade, respeito, acolhimento, essas situações não costumam acontecer. No entanto, incorporação é parceria, é o resultado da presença do médium mais a presença da entidade, em que o médium aprende a ficar quieto para a entidade se manifestar. Ainda assim, uma mesma entidade incorporada em um médium será diferente se a mesma entidade incorporar em outro médium, pois sempre há algo ali que é do médium, a entidade nunca está "sozinha"; mesmo que o médium se identifique como "inconsciente", inconscientemente ele está ali também.

Nesse trânsito entre mundo material e mundo espiritual, existem muitas nuances de realidades. Para quem está chegando agora nessas bandas ou nessas umbandas, é comum vir também pelo caminho do amor, pelo encantamento, pela curiosidade e mesmo pela ânsia de estudar os arcanos da criação que nos atravessam como mistérios a seres desvendados.

No caminho do amor ou no caminho da dor é muito comum, também, aos iniciantes sentirem que não são deste mundo, sentir saudade de um paraíso perdido, sentir total inadequação com esta realidade, na qual o contato com um mundo espiritual acalma as dores da alma diante da vida com seus desafios.

Em um mundo de ilusões, não podemos nos expressar livremente, usamos muitas máscaras sociais, vivemos crenças limitantes, valores e preconceitos de nossos pais, da sociedade, da religião, etc. A saudade, na verdade, não é de um lugar, é saudade de quem somos nós, de onde está nossa alma e nosso coração. Quando a espiritualidade preenche esse vazio existencial, por meio da mediunidade de incorporação, nós passamos para outro nível de consciência, e nossos questionamentos passam a ser outros. Agora nos questionamos: "Qual o sentido de nossa vida?", "Qual nosso propósito de vida?", "Qual nossa missão neste mundo?" e, por fim, como expressar "Quem somos nós nesta realidade?", "Como manifestar o potencial máximo de nossa alma?", e transbordar a essência amorosa da qual todos fazemos parte, como os fios da teia da vida que tece as mais diversas realidades, entrelaçando mundos nesse emaranhado de existências.

Quando sua vida toca outras vidas e o que você faz de bom para você mesmo se torna algo bom para todos à sua volta, ali está seu propósito de vida. Quando você encontra o caminho do coração, ali está sua missão, que pode mudar a qualquer momento. Quando conseguimos romper dogmas, tabus e preconceitos, nossa alma encontra espaço para se manifestar com potencial máximo e tudo ganha sentido.

A incorporação é um desses caminhos que dão sentido às nossas vidas, quando trilhado com amorosidade, generosidade e delicadeza, com responsabilidade e dedicação na senda do "conhece-te a ti mesmo", passando por "torna-te quem tu és", chegando ao lugar de "ser mestre de si mesmo". Esses conceitos fazem parte de meus estudos mais recentes da Espiritualidade Visceral, no entanto, em 2010, quando estava terminando o bacharelado em Ciências da Religião, na Uniclar, eu já transitava essas mesmas questões que me atravessam entre uma vida dedicada à mediunidade de incorporação e qual o meu propósito de vida.

Hoje, treze anos depois de ter escrito este livro, estamos com nova edição deste que é meu TCC em Ciências da Religião. Mudamos o título, que antes se chamava *Umbanda e o Sentido da Vida*, para *Incorporação e o Sentido da Vida*, que faz muito mais jus ao objeto deste trabalho, a fim de trazer o foco do leitor para este que é um dos aspectos mais fortes de uma vida mediúnica de incorporação:

encontrar sentido para a vida, ter um propósito de vida, entender qual sua missão ou, como diria o maior mitólogo de todos os tempos, Joseph Campbell, no livro *A Jornada do Herói*: "Não queremos de fato um sentido para a vida, o que queremos é sentir que estamos vivos". Pois se aqueles que morreram estão vivos em nossos corpos, também nós estamos mais vivos do que nunca ao incorporá-los. E ainda assim tenho que lhe dizer: antes de incorporar espíritos, incorpore a si mesmo em sua vida, torne-se autêntico.

Gratidão aos meus Mestres Eternos Rubens Saraceni e Wagner Veneziani Costa, por me ensinarem que: "Ninguém faz nada sozinho". Gratidão a todos que trilharam e trilham este caminho comigo, pois graças a vocês, também Eu Sou o que Sou!

Alexândre Cumino

Prefácio I

Alexândre Cumino é árvore de raízes profundas. Sacerdote engajado e pesquisador incansável da Umbanda, agora nos apresenta seu trabalho sobre o transe como fonte de sentido para a vida nessa religião.

A Umbanda é uma religião brasileira, a maior e mais importante no segmento das religiões afro-indígenas brasileiras. Muito se pesquisou e pesquisa acerca dessa religião que assume as cores dos lugares em que aporta. Sua capacidade de incluir, refletir e mudar com a realidade social me parece ser o seu maior trunfo. Tendo em vista que essa mudança não a descaracteriza, ao contrário, a enriquece e colore; afinal, já há muito aprendemos que toda tradição comporta um grau de mudança para permanecer igual.

Alexândre Cumino, neste trabalho, entretanto, se volta para algo que é permanente e crucial nessa religião que é o transe de incorporação. O fenômeno do transe de incorporação no Brasil é algo tão socialmente aceito e presente que tem inteligibilidade para toda a população, seja ela religiosa ou não. Algo que não acontece, por exemplo, em países europeus. No Brasil, falar que "baixou o santo na porta bandeira" (como a célebre canção "De frente pro crime", de Aldir Blanc e João Bosco) pode causar reações diversas, mas é algo que todos entendemos imediatamente.

A permanência e a centralidade do transe de incorporação nas religiões afro-indígenas brasileiras, e na Umbanda especificamente, fazem desse um tema relevante, e o enfoque original do livro de Alexândre Cumino colabora para a compreensão deste.

O autor leva-nos por reflexões profundas, articulando um pensamento original e próprio ao de diversos e importantes autores que refletiram sobre o fenômeno do transe em si, bem como sobre o fenômeno religioso.

Na busca pelas raízes do fenômeno, apresenta-nos o Xamanismo. Na abordagem do transe nas religiões afro-indígenas brasileiras, dialoga com diversos autores, dentre eles Roger Bastide e Pierre Verger. Conversa também com a psicanálise, empreendendo um esforço na ampliação dos horizontes ao abordar a questão dos arquétipos.

O resultado desse esforço é um livro em que o sacerdote empresta sensibilidade ao pesquisador, e de cuja leitura todos saímos enriquecidos.

Profa. dra. Patricia Ricardo de Souza Globo
Professora de Alexandre Cumino no Curso de Ciências da Religião, Uniclar, como socióloga e especialista nas religiões afro-indígenas. Também foi sua orientadora nesta monografia

Prefácio II

Falar sobre transe é, antes de tudo, uma atitude de coragem. Poucos são aqueles que se aventuraram por esta seara dentro da Umbanda, justamente porque o tema é polêmico e pouco pesquisado. O compromisso com a vanguarda é característica daqueles espíritos que sabem que o mundo não começou ontem e, portanto, não terminará amanhã e, talvez por isso, têm a consciência de que devem plantar os frutos que desejam que as próximas gerações colham. Este é o espírito desta obra do irmão Alexândre Cumino. Se fosse para resumi-la, eu a traduziria em duas palavras: coragem e vanguarda.

O transe tão comum em tantas culturas tradicionais é relatado de diferentes formas nos livros sagrados mais antigos, como, por exemplo, a tábua dos dez mandamentos de Moisés, e os inúmeros milagres realizados por Jesus, por ignorância, não oferecem conexão com o que vemos hoje nos templos de Umbanda. Não são bem compreendidos pelos frequentadores e nem mesmo por muitos médiuns que o experimentam. Mas, a despeito de tantos questionamentos, por que será que continua atraindo multidões aos templos umbandistas, candomblecistas e porque não dizer as igrejas evangélicas neopentecostais com o seu transe chamado de "manifestação do espírito santo" e nas igrejas católicas da renovação carismática que também acessam a comunicação com o "espírito santo" através do tão antigo transe?

Ao finalizar sua pesquisa, Cumino conclui que o transe é responsável por dar sentido à vida uma vez que o vazio que permeia a sociedade materialista, dominada por um sentimento de alto consumo e poucas realizações, e consequentemente de tantos vazios, encontra na experiência do transe o elemento responsável por colocar o indivíduo em contato com os deuses e espíritos manifestantes, seja pela sensação daquele que experimenta o transe ou por aqueles que o contemplam e dele se beneficia. Por meio de uma consulta ou abraço, ele proporciona uma sensação de bem-estar, porque talvez nos remeta a uma frase bíblica: "vós sois deuses!".

Ademais, é sabido por todo frequentador de templos de Umbanda que a manifestação desses espíritos traz muita paz, força e purificação das energias do ambiente. As pessoas saem mais leves das giras de Umbanda (rituais públicos ou fechados nos quais ocorre a manifestação dos espíritos no corpo mediúnico através do transe), porque as mensagens passadas pelas entidades comunicantes sempre trazem conforto, esperança e fé, o que muitas vezes salva e transforma a vida das pessoas. Toda alegria é uma espécie de transe; então, se ele existe na Umbanda para trazer esse sentimento cheio de vida ao coração dos humanos, que ele assim permaneça, enaltecendo cada vez mais o estado de bem-estar espiritual, enquanto a humanidade ainda engatinha para a conquista do estado de bem-estar social.

Parabéns, Cumino, pela excelente obra e pelo privilégio de dela participar.

Nosso abraço fraternal da família Casa do Perdão.

Mãe Flavia Pinto

Prólogo

Chega-se um momento inevitável para todo indivíduo que reflete sobre sua vida, e isso ocorre sem um padrão, cada qual no seu tempo, e é quando os questionamentos como *"quem somos?"*, *"de onde viemos?"*, *"para onde vamos?"*, *"haverá vida para além da morte?"* começam a tomar proporções dolorosas, pois a constatação consciente de nossa finitude, a morte, que é inevitável, tende a ser angustiante.

E, quando voltamos o olhar para nossa vida e tudo o que ela representa, começamos a realmente querer respostas concretas para os referidos questionamentos.

Esse momento de angústia, segundo Martin Heidegger, expoente filósofo do Existencialismo, é a nossa "clareira existencial" e é, portanto, nessa hora que o indivíduo poderá encontrar-se consigo e mudar completamente sua vida. Então é aí que a religião entra ou toma um volume determinante na vida do indivíduo, pois o campo específico de atuação das religiões é oferecer um discurso que dê realmente um sentido para a vida, que responda às questões tão angustiantes no momento da clareira; a religião vem com a luz para o caminho de transcendência para o indivíduo.

A Umbanda, portanto, não foge à regra e sou tentado a dizer que esta religião parece-me mais apta a responder consistentemente a esses anseios em pleno século XXI, pois esta é adaptada, moderna, contemporânea e profunda.

Mergulhar nestas páginas oportuniza ao leitor descortinar o real Sentido da Vida à luz da Umbanda.

Parabéns, meu irmão, Pai Alexandre Cumino.

Com emoção,

Pai Rodrigo Queiroz
Presidente do Instituto Cultural Aruanda
Diretor da Umbanda EAD
www.umbandaead.com.br

Resumo

"O que caracteriza uma religião, seja ela qual for, é o estabelecimento de um contato entre o mundo dos homens e o mundo do sagrado, o dos deuses ou das forças sobrenaturais."

Roger Bastide[4]

O que temos em mãos é o Trabalho de Conclusão de Curso, Monografia apresentada em cumprimento parcial às exigências do programa do Curso de Ciências da Religião das Faculdades Integradas Claretianas, para obtenção do grau de bacharel de Alexandre Cumino. Ela foi apresentada e defendida no dia 7 de dezembro de 2011.

Orientadora: Profa. dra. Patrícia Ricardo de Souza

Coordenador: Prof. dr. Antonio Boeing

O título original deste trabalho é *O transe mediúnico como produtor de sentido para a vida na Umbanda*. O único interesse desse bacharel em Ciências da Religião é e sempre foi compreender melhor sua religião, Umbanda, em comparação com outras religiões, bem como apresentá-la para a sociedade de forma clara, objetiva, desmistificadora e com argumentos válidos, não apenas aos de dentro, mas também aos de fora.

Por conta dessa necessidade de compreensão da religião em geral e da Umbanda no específico, que vai além da doutrina e teologia

---

4. BASTIDE, 1973, p. 293.

interna, é que fui buscar os saberes de história, antropologia, sociologia, psicologia, fenomenologia e tantas outras ciências humanas que se encontram em Ciências da Religião. Essas ciências ou essa ciência nos explicam que religião é um objeto comum a todas as sociedades e culturas do passado, presente e futuro, nas quais se insere perfeitamente a Umbanda, com características comuns a tantas outras religiões. Dessa forma, todos os estudos comparados de religião à Umbanda só nos faz compreender cada vez mais e melhor o que vem a ser Umbanda.

Por tudo isso é que minha monografia não poderia estar longe desse campo de estudo e interesse. Demorei quase quatro anos para manifestar o interesse em publicar esta monografia e agora que sinto essa necessidade aproveitei a oportunidade para reler como se fosse texto escrito por outra pessoa. Entendi que, embora tenha pretensões acadêmicas por se tratar de uma monografia de conclusão de curso, no entanto a linguagem é simples e acessível. Mesmo em meio acadêmico sempre evitei erudição desnecessária, verborragia ou dissertação prolixa, que mais valem para enaltecer o próprio ego que especificar ou determinar o objeto de estudo ou mesmo a argumentação embromada. Creio que essa postura se dê ao fato de que tenho muito mais interesse em informar ao maior número de pessoas o conhecimento que temos aqui do que servir de referência a uma minoria acadêmica, embora eu reconheça a importância da academia e seja profundamente agradecido por tudo que pude aprender com meus mestres e em especial aos professores doutores Antonio Boeing e Patricia Ricardo de Souza.

Nesta monografia, buscamos compreender melhor o que é o fenômeno do transe mediúnico de incorporação na religião de Umbanda, procurando observar e perceber quais são os resultados práticos, sua importância e significado na vida dos adeptos, com a finalidade de entender em que contexto e condições esse fenômeno se apresenta como produtor de sentido para a vida dos médiuns.

Para alcançarmos nosso objetivo, estudamos o *continuum* mediúnico nas religiões mediúnicas Kardecismo, Umbanda e Candomblé; e nos estendemos até o Xamanismo para uma análise mais apurada do transe em sua fenomenologia e aspectos antropológicos, sociais e psicológicos. Então, buscamos a característica do transe na Umbanda e quais os elementos que podemos ressaltar como formadores de um universo em que a mediunidade de incorporação, o transe mediúnico, passa a internalizar valores e dar sentido à vida.

Introdução

"O homem é uma corda estendida em um abismo, entre o animal e o divino."

Nietzsche

O tema desta monografia diz respeito à questão do transe de incorporação nas "religiões mediúnicas" em geral, e na Umbanda em específico, como produtor de sentido para a vida.

Pretendemos observar o fenômeno e os resultados práticos na vida dos médiuns, focando sua importância e significado dentro de um contexto em que, aos poucos, seus valores de sentido vão sendo internalizados.

Considerando que a Umbanda é essencialmente uma religião urbana, a busca de sentido existencial vai ao encontro da reconstrução do ser, desconstruído por uma sociedade economicamente agressiva, consumista, exclusivista e com valores invertidos, na era do espetáculo, na qual o que tem mais valia é o ter, em detrimento do ser.

O ser humano está sempre à procura de um norte, inserido nessa humanidade desumana, e acaba por vezes procurando por caminhos desnorteadores. Desvinculado cada vez mais das tradições produtoras, mantenedoras e perpetuadoras de sentido (religioso, espiritual, familiar, etc.), o homem acaba por entregar-se a uma rotina tida como certa e comum, na qual finge se satisfazer apenas com os valores e bens de consumo. E, nessa mesma sociedade contemporânea, o transe religioso, hoje, assim como no passado, se mantém como opção que aponta para as experiências de transcendência, oferecendo sentido de ser a partir da experiência empírica. Nesse contexto, o ser se reconhece como transcendente, eterno, e parte de um todo no qual tudo tem e faz sentido.

As Ciências da Religião nos permitem um olhar privilegiado para os fatos, elementos e fenômenos religiosos, todos identificados como algo inerente e inseparável à experiência humana. Por meio de uma análise que busca certo distanciamento e neutralidade, vamos encontrar resultados de relatos que demonstram a importância do transe mediúnico na vida daqueles médiuns inseridos em um contexto norteador de sentido.

A compreensão do fato religioso, da espiritualidade ou religiosidade, como algo perene em todas as culturas e épocas, bem como da repetição espontânea das mesmas experiências em estruturas variadas, permite mergulhar mais a fundo na estrutura dos fenômenos para sua análise que, no caso do transe, revela uma dimensão de transcendência humana.

Essa experiência de transe oferece respostas não cartesianas, muitas vezes foge do que se considera racional ou lógico, para encontrar-se na tênue linha que separa o que é simplesmente religioso do processo místico, em que a experiência empírica vale mais que as palavras. Nesse campo, encontra-se um conforto existencial na prática do transe mediúnico, para além de respostas racionais e lineares, o sentimento de ser parte de algo maior que transcende a tudo.

O transe de possessão é uma das experiências mais intrigantes dentro do contexto religioso, místico ou espiritual. E identifica-se dentro de um quadro geral de estado alterado de consciência, caminhando para outro quadro mais específico, que é o transe religioso controlado e disciplinado, produtor de sentido e significados.

Um transe com sentido manifesta-se dentro de um contexto ordenado, tendendo a ritualização do fenômeno em função da adequação a um modelo que o torne compreensível a luz dessa ou daquela filosofia. O que Bastide chama de "domesticação do sagrado".⁵

Do geral ao específico, buscaremos identificar o sentido de ser do que se convém chamar "mediunidade de incorporação", na qual o transe se mostra por meio da *dissociação da personalidade* em favor de outras personalidades apresentadas como espíritos, guias, mentores, encantados e/ou orixás.

Nosso objetivo geral é explorar as experiências de transe mediúnico observando os resultados práticos de transcendência e sentido na vida de seus praticantes.

Mais especificamente, vamos buscar na Umbanda essa experiência de transcendência por meio do transe com sentido, por meio de resultados práticos na vida de seus adeptos, bem como anotar peculiaridades desse seguimento com relação à fenomenologia do transe mediúnico, identificado como mediunidade de incorporação. Como, por exemplo, o que vamos chamar aqui de "doutrina de impacto",⁶ que é o resultado do encontro dos adeptos com um conjunto de significados relacionados aos arquétipos que espíritos e Orixás possuem ou assumem ao se manifestarem mediunicamente.

Podemos resumir em poucas palavras que pretendemos fazer leitura e análise do fenômeno transe em geral, caminhando para o "transe mediúnico de incorporação" na Umbanda, como elemento norteador de sentido para a vida de praticantes e frequentadores.

Como método, vamos recorrer ao olhar multidisciplinar e transdisciplinar, comparando e avaliando as experiências de transe com sentido em diferentes culturas e tradições. O que não é novidade para o estudante de Ciências da Religião, na qual "o fato religioso pode ser abordado por todas as ciências humanas ou ciências sociais, cada uma a partir do que lhe é próprio".⁷

---

5. BASTIDE, 2006, p. 254.
6. Não existe ainda um estudo sobre o que vem a ser essa "doutrina de impacto"; o termo foi criado por mim mesmo a fim de estabelecer exatamente o "impacto" que exerce, de forma automática e inconsciente, estar diante de uma entidade que incorpora arquétipos de valores e força ancestrais presentes no inconsciente coletivo. Esse conceito vai ser melhor trabalhado e entendido ao longo desta obra.
7. CROATO, 2004, p. 17.

Na medida do possível pretendemos aqui desmistificar certo estranhamento ao "outro" e às práticas desse "outro", pois nada há de novo ou diferente nas práticas alheias. Simplesmente, as leituras de significado para os mesmos fenômenos humanos variam de acordo com a cultura ou o preconceito do observador, que tem como ponto de vista sua formação cultural na qual a neutralidade, na maioria das vezes, é utópica ou hipócrita.

José Severino Croatto nos fala do quanto é importante o olhar fenomenológico para ir ao encontro do sentido que se dá ao fato religioso:

> A fenomenologia não estuda os fatos religiosos em si mesmos (o que é tarefa da história das religiões), mas sua *intencionalidade* (seu *eidos*) ou essência. A pergunta do historiador é sobre *quais* são os testemunhos do ser humano religioso, a pergunta do fenomenólogo é sobre *o que* significam.
> Não o que significam para o estudioso, mas para o *homo religiosus*, que vive a experiência do sagrado e a manifesta nesses testemunhos ou "fenômenos".
> [...] É evidente, contudo, que é impossível não interpretar; mas é preciso ter consciência de que o primordial é a experiência de quem se expressa religiosamente, e não a leitura do estudioso.
> [...] Um princípio essencial é que o transcendente, núcleo de tal experiência, não é captado pelo fenomenólogo, mas pelo *homo religiosus*.[8]

Evocamos a definição de Croato para justificar a necessidade de compreender o que o transe significa para seus adeptos, antes de julgá-lo de fora do contexto. Nesse olhar, que busca a visão e o sentido de quem está de dentro da experiência, o que importa é a expressão do *homo religiosus* e qual leitura ele faz desse "fenômeno" de transe com sentido. Vamos nos colocar bem à vontade para recorrer a sua linguagem que define o fenômeno como: "transe mediúnico de

---
8. CROATO, 2004, p. 25-27.

incorporação", "mediunidade de incorporação" ou, simplesmente, "incorporação".

A palavra possessão, embora determine um campo de estudo vasto, não é bem vista nos meios em que o adepto deseja estar em transe. Nas "religiões mediúnicas" o transe não é uma agressão (possessão) e, sim, um processo natural (mediúnico), quase um privilégio. Embora tecnicamente, em alguns momentos, estejamos falando do mesmo fenômeno, aqui nos importa e muito o sentido, interpretação e linguagem que se dá para determinar o fenômeno em suas nuances mais sutis.

Lembramos ainda, por exemplo, que o uso comum e corrente da palavra "possessão" se encaixa melhor em contextos nos quais ela é indesejada, como nas religiões cristãs, em que teologicamente é definido um contexto em que quase todas as formas de "possessão" são automaticamente tidas por "possessão demoníaca". O mesmo acontece no senso comum, em que a simples afirmação de que "fulano está possuído" já leva a crer em uma situação "demoníaca" (negativa). Embora o senso crítico faça outra leitura, é inevitável a carga pejorativa que há no termo "possessão", que o torna inaceitável no ambiente interno das "religiões mediúnicas"; a não ser que o seja para ironizar, que não é o caso aqui. Logo, é também uma atitude de respeito adotar uma linguagem corrente e aceita dentro dos meios em que desenvolvemos nosso estudo. Por conta dessa linha de raciocínio, não vamos utilizar aqui o termo possessão ou "transe de possessão".

Mircea Eliade nos fornece uma perspectiva bem adequada ao método que pretendemos aplicar nesta monografia, com relação à comparação de diversas culturas e tradições:

> Esse trabalho de decifração do sentido profundo dos fenômenos religiosos pertence por direito ao historiador das religiões. Por certo o psicólogo, o sociólogo, o etnólogo e até mesmo o filósofo ou o teólogo terão o que dizer a tal respeito, cada um com a perspectiva e o método que lhe são próprios, mas é o historiador das religiões quem dirá o maior número de coisas válidas acerca do

fato religioso *enquanto fato religioso* – e não enquanto fato psicológico, social, étnico, filosófico ou mesmo teológico. Nesse aspecto preciso, o historiador das religiões também se distingue do fenomenólogo, pois este último se abstém, por princípio, do trabalho de comparação: diante de determinado fenômeno religioso, limita-se a "aproximar-se dele" e adivinhar-lhe o sentido, ao passo que o historiador das religiões só atinge a compreensão de um fenômeno após tê-lo devidamente comparado com milhares de fenômenos semelhantes ou diferentes e após tê-lo situado entre eles; e esses milhares de fenômenos estão separados tanto pelo espaço quanto pelo tempo.[9]

A repetição "infinita" dos fatos religiosos no ser *homo religiosus* consiste em uma das chaves de interpretação mais eficientes para a compreensão de sentido das mais variadas expressões e fenômenos considerados religiosos (espirituais, místicos, esotéricos, etc.).

A "dialética do sagrado" permite ao pesquisador compreender a profundidade dos fatos que envolvem mitos, ritos, doutrinas, liturgias, arquétipos e "segredos" das mais variadas "sendas de iniciação"; das mais antigas até as contemporâneas.

Essa dialética nos faz crer que os "antigos segredos" e "mistérios", por exemplo, se manifestam o tempo todo em nossa sociedade contemporânea e que, independentemente da leitura que se faça, todos caminham em busca do mesmo sentido existencial. O riquíssimo campo de comparações deste trabalho nos permite desvendar fatos do presente com situações do passado e vice-versa, o que é muito claro dentro do objeto estudado.

A própria dialética do sagrado tende a repetir indefinidamente uma série de arquétipos, de modo que uma hierofania[10] realizada em determinado "momento his-

---

9. ELIADE, 2002, p. 5-7.
10. "Hierofania" é um conceito criado por Mircea Eliade para definir tudo o que faz parte do sagrado ou religioso para uma determinada pessoa ou comunidade. Na obra *Tratado de história das religiões*, Eliade relembra que "todas as definições do fenômeno religioso dadas

tórico" abarca, em termos de estrutura, uma hierofania mil anos mais antiga ou mais recente. Essa tendência do processo hierofânico de retomar *ad in finitum* a mesma sacralização paradoxal da realidade permite-nos, em suma, compreender algo do fenômeno religioso e escrever sua "história". Em outras palavras, é justamente porque as hierofanias se repetem que é possível distinguir os fatos religiosos e chegar a compreendê-los. Mas as hierofanias possuem a particularidade de se esforçarem por revelar o sagrado em sua totalidade, ainda que os seres humanos, em cuja consciência o sagrado se "mostra", se apropriem apenas de um aspecto ou de uma modesta parcela deste. Na hierofania mais elementar *tudo está dito*: a manifestação do sagrado em uma "pedra" ou em uma "árvore" não é nem menos misteriosa nem menos digna do que a manifestação do sagrado em um "deus". O processo de sacralização da realidade é o mesmo; o que difere é a *forma* assumida por esse processo na consciência religiosa do homem.[11]
[...] Não há forma religiosa, por mais degradada que seja, que não possa dar origem a uma mística muito pura e muito coerente.[12]
É verdade que as inumeráveis manifestações novas do sagrado repetem – na consciência religiosa desta ou daquela sociedade – as outras inumeráveis manifestações do sagrado que essas sociedades conheceram no decorrer de seu passado, de sua "história".[13]

---

até o presente colocavam em oposição *o sagrado* e o profano" e completa que em qualquer momento, qualquer coisa pode se tornar sagrada, ou seja, se tornar uma "hierofania". E dessa forma fica simples entender que faz parte da "hierofania" tudo que foi ou é consagrado e que faz parte do universo sacro das religiões. Referência: Mircea Eliade, *Tratado de história das religiões*, São Paulo, Martins Fontes, 2002, p. 18-19.
11. ELIADE, 2002, p. 7-8.
12. ELIADE, 2002, p. 8.
13. ELIADE, 2002, p. 9.

Com as palavras de Eliade, tomamos essa "dialética do sagrado" como ponto de partida na busca de contextualizar o "transe", em culturas diversas, recentes e antigas. Tendo inclusive nas práticas mais "arcaicas", chamadas primitivas, como o xamanismo, fontes para a compreensão do que acontece nas religiões modernas e contemporâneas, com relação ao transe como fenômeno humano ancestral.

Arthur Ramos, na década de 1930, em meio aos conceitos "científicos" da época com relação à religião atrasada ou adiantada, já fazia afirmações contundentes na compreensão do fato religioso, que nos servem de inspiração e reflexão prévia antes de mergulharmos nesse universo:

> As formas mais adiantadas de religião, mesmo entre os povos mais cultos, não existem em estado puro. Ao lado da religião oficial, há outras atividades subterrâneas, nas capas atrasadas da sociedade, entre as classes pobres, ou, nos povos heterogêneos, entre os grupos étnicos mais atrasados em cultura. Nicéforo insistiu sobre esse fato em suas observações sobre a antropologia das classes pobres. Entre elas encontrou o eminente antropólogo italiano revivescências dos hábitos do homem primitivo, principalmente no vasto domínio de suas concepções religiosas. Todo o folclore é exemplo disso. "A etnografia das classes pobres é aproximada, página por página, à dos povos selvagens contemporâneos, e por consequência, ao pensamento, ao gesto, ao rito do homem pré-histórico, de que direta e lentamente provém, por via de sobrevivência."[14]

Arthur Ramos veio na contramão do conceito de purismo religioso que imperou durante tanto tempo nos meios religiosos e confundiu o meio acadêmico, que durante tanto tempo monopolizou as instituições religiosas. A seguir vemos mais uma reflexão importante desse autor, que compara o fenômeno de sobrevivência de uma antiga forma de religião que se mantém viva na Europa

---
14. Aqui RAMOS cita Nicéforo, *Antropologia delle Classi Povere*, 1908, p. 110.

como "paganismo contemporâneo" e convive com a religião oficial assim como as religiões africanas no Brasil conviveram com a religião oficial, que foi o Catolicismo até a instituição da República; desse convívio nascem as tradições afro-brasileiras e afro-indigenas, como algo natural no encontro de culturas diversas.

> Entre os povos celto-latinos, Sébillot documentou exaustivamente a existência de uma sub-religião disseminada entre as classes incultas, que ele chamou de "paganismo contemporâneo", coexistente com a religião oficial, e muito mais antiga do que esta.
> Se os folcloristas desvendaram, dessa sorte, as influências do paganismo do mundo antigo na Europa ocidental, com muito mais razão iriam encontrar modalidades de religião primitiva que sofreram o contato com os aborígenes contemporâneos.

Nesse caso está o Brasil com a influência direta das religiões africanas, introduzidas com o tráfico de escravos.[15]

Embora situado em uma época de preconceitos oficializados e científicos com relação às "religiões primitivas", Arthur Ramos chega a conclusões que se aproximam da "dialética do sagrado" de Eliade. Afirmando que não há um purismo real em religião, o contato com o outro favorece uma troca de valores e práticas entre culturas, facilmente observado no Brasil branco, negro e índio.

> Mas nunca será demais repetir que não há a menor probabilidade de se encontrar, em parte alguma do mundo ou da história, um fenômeno religioso "puro" e perfeitamente "original". Os documentos paleoetnológicos e pré-históricos de que dispomos não vão além do paleolítico, e nada justifica supor que, durante as centenas de milhares de anos que precederam a mais remota Idade da Pedra, a humanidade não tenha conhecido vida religiosa tão intensa e tão variada quanto nas épocas

---

15. RAMOS, 2001, p. 35, 36.

ulteriores. É quase certo que pelo menos parte das crenças mágico-religiosas da humanidade pré-lítica se tenha conservado nas concepções religiosas e mitológicas ulteriores. Mas também é muitíssimo provável que essa herança espiritual da época pré-lítica não tenha cessado de sofrer modificações, em decorrência dos numerosos contatos culturais entre as populações pré-históricas e proto-históricas. Assim, em nenhuma parte da história das religiões lidamos com fenômenos "originais", pois a "história" ocorreu em todos os lugares, modificando, refundindo, enriquecendo ou empobrecendo as concepções religiosas, as criações mitológicas, os ritos, as técnicas do êxtase. Evidentemente, cada religião que, após longos processos de transformação interna, acaba por constituir-se em uma estrutura autônoma, apresenta uma "forma" que lhe é própria e que passa como tal para a história posterior da humanidade. Mas nenhuma religião é inteiramente "nova", nenhuma mensagem religiosa elimina completamente o passado; trata-se, antes, de reorganização, renovação, revalorização, integração de elementos – e dos mais essenciais! – de uma tradição religiosa imemorial.[16]

A repetição *ad infinitum* dos fenômenos religiosos em todas as épocas e culturas é um fato que ao longo dos séculos desafiou a compreensão dos estudiosos, tais que desenvolveram teorias como a crença de que todas as religiões teriam origem em uma única e primeira religião verdadeira e pura, perdida na bruma dos tempos em algum lugar mítico ou lendário. São teorias convincentes, muitas vezes bem elaboradas, e que inspiraram leigos e acadêmicos em um conceito mítico-filosófico que não se sustentou por muito tempo em face dos estudos de história e antropologia das religiões.

O diálogo com esses autores serve como uma ponte para a compreensão de fenômeno tão complexo quanto o transe mediúnico de incorporação.

---

16. ELIADE, 2002, p. 23-24.

São ainda escassos os trabalhos nessa área e permanece no sentido comum muito preconceito que, não por poucas vezes, faz reviver o preconceito científico presente nas obras ao fim do século XIX. O que pode ser observado em Durkheim (*As formas elementares da vida religiosa*), ou mesmo em Nina Rodrigues (*O animismo fetichista dos negros baianos* e *Os africanos no Brasil*), entre outros cientistas e pesquisadores que compartilharam o tal "preconceito científico", fazendo ciência e justificando seu preconceito ou compartilhando apenas do preconceito vigente.

Muitos desinformados ainda creem que o transe seja desagregador e o tratam como fenômeno de desequilíbrios psicossociais, patologias. Esperamos, assim, dar aqui nossa contribuição para o estudo deste e sua desmistificação.

Capítulo I

Religiões Mediúnicas e Transe

"Mas se nas religiões ocidentais é o homem que, com dificuldade, por meio de um esforço geral penoso se eleva até Deus, nas religiões chamadas primitivas são as divindades que descem e vêm por momentos habitar o corpo de seus fiéis."
Roger Bastide[17]

1.1 Religiões mediúnicas

O que se convencionou chamar de "mediunidade", desde a publicação da obra de Allan Kardec, guarda pontos em comum com o Xamanismo e outras experiências místicas, pois se trata de um fenômeno humano e fato religioso que se repete infinitamente na linha do tempo e espaço.

Camargo fala de um *continuum* mediúnico entre "Umbanda e Kardecismo" para caracterizar um trânsito ou movimento religioso de médiuns que dão sentido ao fenômeno tanto por meio da Umbanda como do Espiritismo ("Kardecismo").[18] Nossa orientadora e professora dra. Patricia Ricardo de Souza estende esse *continuum* até o Candomblé ou Cultos Afro-Brasileiros em geral, pois o trânsito de médiuns é frequente entre essas três modalidades de "Religiões Mediúnicas". O *continuum* tal qual CAMARGO descreve age de mesma forma nos

---
17. BASTIDE, 1973, p. 293.
18. CAMARGO, 1961, p. 13.

cultos afro-brasileiros ou afro-indígenas, o que fica evidente quando o autor fala de Umbanda mais africanista.

Na década de 1960, CAMARGO identifica o que chamou de "religiões mediúnicas" dentro desse conceito de *continuum* mediúnico. Vejamos o que ele define como tal e que tem relação direta com estes nossos estudos:

> Em primeiro lugar, como já deve ter notado o leitor, referimo-nos a "religiões mediúnicas", agrupando formas religiosas bem diversas, como a Umbanda e o Kardecismo. Levou-nos a realizar esse "corte da realidade" tanto a percepção de analogias, que explicariam o crescimento simultâneo dessas modalidades de vida religiosa, como a verificação de uma simbiose doutrinária e ritualística que redunda no florescimento de uma consciência de unidade. Constitui-se, assim, conforme nossa hipótese, um *continuum* religioso que abarca desde as formas mais africanistas da Umbanda até o Kardecismo mais ortodoxo.
>
> As modalidades intermediárias que se organizam, combinando de incontáveis maneiras as soluções ritualísticas e doutrinárias dos extremos, a fácil mobilidade dos adeptos em meio a essas formas objetivas de culto e doutrina e a configuração do início de uma autoconsciência pareceram justificar o conceito de *continuum* mediúnico, indicando o objeto mais amplo e geral de nosso estudo.
>
> [...]O *continuum* que estudamos constitui, a nosso ver, um modo de as pessoas viverem sua religião, um fato social, independente do direito a distinções e separações rígidas entre Kardecismo e Umbanda, como legitimamente fazem diversos umbandistas e karedcistas.[19]

Camargo fala ainda das formas de práticas intermediárias entre Kardecismo e Umbanda, ou seja, a separação não é tão clara para

---

19. CAMARGO, 1961, p. XIII-XIV.

os próprios praticantes, fazendo surgir formas de kardecismo mais influenciadas pela Umbanda e vice-versa. Assim, surge uma diversidade de práticas que ora se identificam com Umbanda, ora com Kardecismo e outras vezes acabam por não ter definição clara, gerando subdivisões como Umbanda Branca, Umbandec, Mesa Branca e outros. De acordo com a visão de nossa orientadora, dra. Patricia Ricardo de Souza, e nossa também, podemos estender esse *continuum* mediúnico até o Candomblé e outras formas mais de religiosidades afro-brasileiras ou afro-indígenas, como o Catimbó.

Dentro do contexto de práticas intermediárias, faz surgir, entre Umbanda e Candomblé, o Candomblé de Caboclo, a Umbanda Trançada, Umbanda Mista, Umbandomblé, Omoloco e outras subdivisões que marcam esse *continuum* mediúnico, que passa entre Kardecismo, Umbanda e Candomblé. Dessa forma, fica claro que as experiências de transe podem ser analisadas dentro desse *continuum* mediúnico mais amplo. Para observar o fenômeno nesse contexto, ainda vamos nos estender até as experiências de transe no Xamanismo, que caracteriza uma das formas mais antigas de religiosidade, se não a mais antiga, ainda viva e ativa, evidenciando o transe como um fenômeno antropológico universal e não apenas cultural ou regional.

Para além das religiões mediúnicas, podemos encontrar em quase todas as religiões traços e formas variadas de transe, seja nas já citadas possessões católicas, das descrições bíblicas de profetas que têm visões e profetizam, dos possessos que Jesus curou, da noite de Pentecostes (Atos 2, 1), da possessão pelo Espírito Santo; das pitonisas gregas, de formas variadas de mística sufi no Islã, práticas místicas da Cabala Judaica, de Budismo Tibetano, Budismo Tântrico ou Hinduísmo, entre outras práticas religiosas em que, de forma sutil ou incisiva, o transe está presente.

Em resumo, vamos buscar o fenômeno do transe, observado e comparado em suas múltiplas manifestações, em diversas culturas antigas, modernas e contemporâneas. Com o objetivo de observar de qual forma esse fenômeno pode nortear e dar sentido à vida daqueles que o experimentam.

1.2 Transe

Existem muitas formas de transe; vamos delimitar o que chamamos aqui de "transe sem sentido" e "transe com sentido":

- **Transe sem sentido:**

Não costuma ter hora nem lugar certo para acontecer, exerce uma função desnorteante na vida do ser acometido por tal fenômeno ou patologia, que é indesejada em sua vida. Ex.: Epilepsia, catalepsia, letargia, histeria e outras disfunções ou desequilíbrios mentais; "possessão" descontrolada, transe de incorporação ainda em desajuste ou "selvagem", transe estático involuntário (sonambulismo).

- **Transe com sentido:**

Costuma ter hora e local para acontecer, geralmente se insere em uma filosofia de vida e/ou participa de uma ritualização dele. Exerce uma função norteadora na vida do ser, que por meio deste alcança mais equilíbrio em sua vida e geralmente é visto como uma pessoa de confiança por sua comunidade.

Podemos identificar, no mínimo, **duas formas de transe com sentido**:

Transe Extático – O espírito vive uma experiência interna ou externa, dissociada do corpo que permanece extático, imóvel. Pode ser caracterizada como uma viagem do espírito fora do corpo (viagem astral ou desdobramento) ou uma incursão mental/espiritual interna em realidades paralelas e outras inimaginadas.

Transe Dinâmico – O corpo é visitado por um espírito (mediunidade de incorporação), no qual fica evidente no mundo físico o que está acontecendo enquanto experiência religiosa ou de transcendência.

Aqui neste trabalho vamos nos ater ao transe com sentido, dinâmico, em sua forma mais conhecida como mediunidade de incorporação.

Nas sociedades mais antigas, consideradas primitivas, já é possível encontrar o fenômeno do transe extático ou dinâmico, com sentido de ser. Para além de uma experiência regional ou característica de cultural local, o que temos é um fato antropológico, atemporal e sem fronteiras que se repete, guardando diferenças de contexto, em todas as sociedades humanas.

Bastide fala sobre a domesticação do "Sagrado Selvagem", em que entra no contexto o que aqui chamamos de transe com sentido, pois do momento em que o transe se manifesta até que tome um sentido, passa por uma domesticação em que poderíamos caracterizar como "transe selvagem" (aparentemente sem sentido) e "transe domesticado" (que ganhou ou tomou um sentido). Vejamos algumas considerações do autor em questão acerca do Sagrado Selvagem, bem como do fenômeno do transe:

> Durkheim, ao situar a origem da religião nos estados de efervescência coletiva, é em parte responsável pelo erro que se comete ao definir o transe dos primitivos como pura efervescência. Basta, porém, reler *Les formes élémentaires de l'avie religieuse* [As formas elementares da vida religiosa] para perceber que os exemplos que ele oferece em favor de sua tese voltam-se contra ele. Pois o transe só aparece em determinados indivíduos, começa e acaba em horas fixas, desenvolve-se de acordo com um cenário dado que não muda de uma cerimônia para outra, e não faz mais que representar na terra o que outrora se deu no mundo do Sonho; quando ocorre uma orgia, o que é raro, a própria orgia obedece a regras estritas.

> Mais que Durkheim, porém, são certamente os exploradores, viajantes e missionários os responsáveis por essa imagem de selvageria no encontro extático dos homens com os deuses, principalmente quando esses viajantes eram médicos, ou, melhor ainda, psiquiatras, pois chegavam num mundo "outro" com seus preconceitos de ocidentais, que desconfiavam da linguagem do corpo, com seu cristianismo mais ou menos maniqueísta, que os levava a identificar os deuses e demônios, e consequentemente enxergar, nos cultos de possessão, um fenômeno

> análogo ao dos possuídos da Idade Média pelos exércitos de Satã, com uma educação médica que só lhes dera a conhecer as crises de histeria e que, desse modo, só conseguiam pensar o transe através da única categoria que a clínica lhes revelara, na Europa e nos Estados Unidos.
>
> Ora, o transe dos assim chamados "primitivos" é o exato oposto da exaltação corporal, da entrega às pulsões inconscientes da crise histérica. É um jogo litúrgico que, no fundo, se aproxima mais da representação teatral do que das grandes crises de nossos asilos psiquiátricos. Pois ele é, do início ao fim, controlado pela sociedade – pois ele cumpre uma função social, a de estabelecer entre os deuses e os homens uma comunicação que possibilite a esses deuses descerem novamente à terra pelo bem da comunidade – pois ele constitui, para um número elevado de religiões, um fenômeno normal, culturalmente instituído e dirigido, ou melhor, normal: obrigatório e sancionado.
>
> O que nos interessa é mostrar que o transe selvagem existe de fato entre os africanos ou afro-americanos de hoje, mas que ele é, assim que se manifesta, reinserido pela sociedade para ser por ela domesticado e utilizado em seu proveito.[20]

Caso não tenha ficado claro, o sagrado selvagem é esse que desconhece leis ou regras. O mesmo vale para o transe selvagem, que, por desconhecer essas regras, se manifesta a princípio sem um sentido de ser. Embora Bastide faça uma critica pontual a Durkheim, ainda assim reafirma a tese durkeiniana no sentido de que o transe é "normal" porque é fato social.

Patrícia Birman também faz consideração sobre o transe dentro dessa mesma questão e contexto, focando crítica aos conceitos adotados pelo médico baiano Nina Rodrigues:

> Ficou célebre entre nós um médico legista que, na Bahia, tentou provar que a possessão resultava de um desarranjo

---
20. BASTIDE, 2006, p. 253-254.

psíquico que, por coincidência, afetava particularmente os negros, em desajuste com a cultura ocidental. Esse médico, Nina Rodrigues, no fim do século XIX, e seus sucessores argumentavam que a possessão podia ser explicada como sinal de doença mental. O comportamento "diferente" das pessoas em transe seria um sinal seguro, uma evidência material da presença de desvios psicológicos do padrão de comportamento normal. Os negros, maioria nos terreiros de candomblé, teriam uma particular tendência à histeria e por essa razão é que perderiam a consciência no transe e acreditariam que estavam possuídos por deuses e espíritos.

Quem explica a crença, qualquer que seja ela, como resultado de um desvio psicológico parte da suposição de que existe uma única cultura "correta" que corresponde às atitudes dos homens "sãos". Seriam, na melhor das hipóteses, "erros" ou desvios da normalidade, loucura... Mas essa visão da psiquiatria, tão etnocêntrica e racista, é claro que não é mais dominante hoje em dia.[21]

Creio que, com essas considerações e contribuições de Roger Bastide e Patrícia Birman, já podemos refutar toda e qualquer semelhança entre transe mediúnico e histeria ou qualquer outra patologia e desequilíbrios que possam passar pela cabeça de alguém mais ou menos desinformado.

Certo de que é fundamental definir as palavras e suas funções, conceitos e atribuições vamos, com ajuda do antropólogo e especialista em êxtase religioso, Ioan M. Lewis, definir o que devemos considerar como "transe":

> Empregarei aqui a palavra "transe", utilizando-a em seu sentido médico geral que o *Penguin Dictionary of Psychology* define convenientemente como: "estado de dissociação, caracterizado pela falta de movimento

---
21. BIRMAN, 1983, p. 17-18.

voluntário, e, frequentemente, por automatismo de ato e pensamento, representados pelos estados hipnótico e mediúnico". Assim entendido, transe pode compreender dissociação mental completa ou apenas parcial e é, frequentemente, acompanhado de visões excitantes ou "alucinações" cujo conteúdo nem sempre é lembrado subsequentemente de maneira tão clara.[22]

Comenta ainda o autor que o transe pode ser induzido ou autoinduzido, por técnicas ou substâncias e que, independentemente do método, sua preocupação imediata é com a interpretação que as diferentes culturas fazem sobre a questão. Lembrando ainda que a cultura cristã, bem como as outras religiões estabelecidas, têm em geral procurado diminuir as interpretações místicas do transe quando aqueles que o experimentam reivindicam seu reconhecimento como revelação divina. Dessa forma, o transe com a divindade é desestimulado, inibido, calado e ocultado, pois permite um contato direto com o mistério, enquanto um transe desequilibrado, desconexo e agressivo é logo identificado como "possessão".

> Hoje em dia, porém, dentro da Igreja Católica, o grande número de casos que na Idade Média seria diagnosticado como possessão demoníaca se limita aos poucos exemplos que os psiquiatras católicos não se sentem capacitados a explicar em termos mais prosaicos.
>
> Fora da Igreja Católica, para a maioria dos psiquiatras e psicanalistas, a verdadeira possessão não existe em nosso mundo moderno. Todos os casos que envolvem a ideologia da possessão são considerados satisfatoriamente explicáveis sem recorrer à crença na existência do Diabo – ou de Deus.
>
> [...] se alguém é, em seu próprio meio cultural, considerado em termos gerais como possuído por um espírito,

---

22. LEWIS, 1977, p. 41.

então essa pessoa está possuída. Essa é a definição simples que seguiremos neste livro.[23]

Com essas citações faço questão de reafirmar que o transe faz repetir fenômenos, os mesmos que acontecem tanto em sociedades antigas, modernas e contemporâneas.

Assim como fez Allan Kardec, no mundo moderno, identificando alguns desses fenômenos de transe como "mediunidade", dando uma releitura ao "transe de possessão", em que se verifica a comunicação com os espíritos, que não é em nada diferente das mais variadas comunicações xamânicas siberianas, africanas ou de índios brasileiros em suas pajelanças.

Quanto à semelhança do transe xamânico, ou da mediunidade no xamanismo, e a mesma no *continuum* mediúnico que abrange Kardecismo, Umbanda e Candomblé, creio que vale fazer um pequeno comentário e tomarmos um exemplo que nos mostre tal aproximação.

Transe, possessão e "despossessão" relacionado a "perda da alma" ou a "viagem da alma", que são assuntos tão pertinentes ao xamanismo, aparecem no interior da doutrina espírita e passam por uma releitura como mediunidade de "desdobramento astral" ou "viagem astral". Isso acontece no momento em que o espírito do médium abandona temporariamente o corpo para uma experiência no "mundo dos espíritos". Em xamanismo, seria uma das formas de viagem xamânica. Para nossa reflexão, coloco abaixo um relato de Chico Xavier:

Médium: Uma Pessoa Interexistente[24]

> Há muitos anos, o professor Herculano Pires me dizia ser todo médium uma pessoa interexistente. Eu não compreendia muito bem o que ele queria dizer exatamente com isso e pedia-lhe maiores explicações. O professor tentava explicar-me, dizendo que o médium, ao mesmo tempo, vive duas realidades de vida distintas. Mas,

---

23. LEWIS, 1977, p. 52.
24. Depoimento do médium Francisco Cândido Xavier em 10/4/1988, extraído do livro *Chico Xavier – Mandato de Amor*.

mesmo assim, ficava eu por entender o que tentava me transmitir.

Passados alguns anos, quando o professor já havia desencarnado, compareci, como de costume, a uma reunião no Grupo Espírita da Prece, aqui em Uberaba. A reunião transcorria normalmente e comecei a receber, pela psicografia, uma mensagem de um rapaz recém-desencarnado, dirigida à sua mãe que se encontrava aflita. Durante a mencionada recepção da mensagem, enquanto minha mão escrevia, um espírito amigo aproximou-se e disse:

– "Chico, nós precisamos de você neste mesmo instante em uma reunião no plano espiritual, ligada por laços de afinidade ao Grupo Espírita da Prece. Você faça o favor de me acompanhar até lá!"

Com a devida permissão de Emmanuel, resolvi, então, seguir o amigo em espírito. Andamos muito até chegarmos a um salão muito amplo. Lá dentro, ocorria uma reunião e todos estavam em silêncio e prece. Com grande alegria, identifiquei a figura do professor Herculano Pires, presidindo o encontro. Cumprimentamo-nos rapidamente pelo pensamento e soube que deveria substituir um médium que havia faltado ao serviço. Uma mãe em estado de sofrimento esperava obter notícias de seu filho. Ambos já estavam desencarnados, mas a respeitável senhora desesperava-se por não ter ainda se encontrado com o filho querido, desencarnado dez anos antes dela. O estado íntimo de angústia dessa mãe impedia-lhe a visão do filho dileto, que se encontrava em condição espiritual um pouco melhor. Assim, enquanto meu corpo físico psicografava uma mensagem de um rapaz no Grupo Espírita da Prece, em Uberaba, meu corpo espiritual também recebia uma mensagem de outro rapaz, com outro tema, na reunião do plano espiritual, completamente diversa da primeira.

Quando tudo terminou, o professor veio falar comigo:
– "Você entendeu agora, Chico, o que é ser interexistente?"
Só então eu pude compreender o que ele quis me dizer. Nesse instante lembrei-me que minha abnegada mãe, D. Maria João de Deus, em uma de suas aparições, havia me asseverado com gravidade:
– "Chico, a mediunidade é uma enxada bendita de trabalho, quando sabemos aceitá-la com Jesus".
E fiquei, então, a meditar sobre o assunto.

Embora seja Chico Xavier, saudoso e renomado médium no meio espírita, o fenômeno que acontece com ele e que, dentro de sua doutrina, encontra classificação adequada para cada um dos fatos narrados, esse mesmo fenômeno acontece em culturas variadas, sem classificação certa e com diferentes leituras de entendimento. Com certeza, a mente está em lugares diferentes e em condições em que facilmente se identifica o transe, como o movimento involuntário da mão, por exemplo, acontecendo ao mesmo tempo que a viagem extática se processa.

A observação muito oportuna aqui é bem simples. Se Chico Xavier fosse um siberiano, um africano ou indígena, essa prática tão natural a ele seria uma prática xamânica e, para isso, haveria apenas de ter uma leitura diferente do mesmo fenômeno.

As formas mais antigas ou arcaicas de "transe" ou "êxtase" religioso se dão nos fenômenos de xamanismo, presentes nas sociedades mais antigas e até "primitivas" de certo ponto de vista, embora hoje o conceito seja preconceituoso, quando faz identificar "religiões primitivas". Nos primórdios da sociologia, quando esta vinha se afirmando como ciência, Durkheim buscava compreender as sociedades "primitivas" por meio de suas formas de culto. Assim, nas palavras do precursor da sociologia, totemismo, animismo e fetichismo eram reminiscências de uma religiosidade arcaica mantidas por grupos sociais considerados igualmente arcaicos ou atrasados. Logo, sua religiosidade também era algo atrasado, daí seu preconceito e a colocação já tão bem-feita por Bastide.

A busca por compreensão da religiosidade primitiva daria pistas para desvendar como o homem havia desenvolvido seus primeiros conceitos e valores religiosos acerca de Deus no início dos tempos pré-históricos. De onde surgiram teorias como a de Augusto Comte (Positivismo), que precede Durkheim e o influencia, assim como a boa parte da comunidade científica. Na teoria de Comte, a ideia acerca de Deus e religião teria se iniciado com a mitologia (muitos deuses) e a magia (superstição), o que, aos poucos, foi superado pela teologia (religiões monoteístas e mais racionais), que, por sua vez, seria superada pela ciência. O que nos lembra as questões gregas que se referem à filosofia como algo que derrubou a antiga mitologia.

Logo, esse modelo de Comte se tornou uma escala hierárquica de evolução, dos mais atrasados aos mais adiantados. Quem estivesse praticando magia e cultos mitológicos automaticamente remontava a algo atrasado, no qual se estabelece campo de estudo para o desvendar o ponto em que tiveram início os conceitos sobre Deus e religião.

Nina Rodrigues, aqui no Brasil, como vimos anteriormente, seguia os passos de Comte e Durkheim, considerando os cultos afros e afro-brasileiros como um atraso religioso, no qual o transe aparece como um desequilíbrio, doença e histeria, o que seria por muito tempo assim considerado. Mircea Eliade trata da mesma questão com relação ao transe xamânico e afirma: "a equiparação do xamanismo" (assim como de outras técnicas de transe) "a uma doença mental qualquer nos parece inaceitável".[25]

Tomando posse das definições estritas e largas (*stricto e latu sensu*) sobre o xamanismo, nos serviremos deste para alguns estudos de transe em geral e específicos. Mas, antes, vejamos algumas definições do que seja o xamanismo, ou melhor, do que estamos nos referindo quando o mesmo é citado, comparado e analisado. Eliade, que aqui será sempre tratado como um especialista no assunto, nos afirma que um xamã pode ser um "feiticeiro", "mago" ou "sacerdote", mas nem

---
25. ELIADE, 2002, p. 2.

todo "feiticeiro", "mago" ou "sacerdote" é um Xamã, inclusive definindo que "em muitas tribos, o sacerdote-sacrificante coexiste com o xamã, sem contar que todo chefe de família é também chefe do culto doméstico".

> O xamã é o "grande mestre do êxtase", que tem por "primeira definição desse fenômeno complexo, e possivelmente a menos arriscada: xamanismo = técnica do êxtase". E, por êxtase, aqui podemos entender "transe", "estado alterado de consciência".
> O xamanismo *stricto sensu* é, por excelência, um fenômeno religioso siberiano e centro-asiático. A palavra chegou até nós através do russo, do tungue *saman*. Nas outras línguas do centro e do norte da Ásia, os termos correspondentes são o iacuto *ojun*, o mongol *buga, boga (buge, bu)* e *ugadan* (cf. também o buriate *udayan* e o iacuto *udoyan*, "a mulher-xamã"), o turco-tártaro *kam* (altaico *kam, Gam*; mongol *kami*, etc.).[26]

Explica Eliade que esse mesmo fenômeno, ao longo do tempo, foi observado na América do Norte, Indonésia, Oceania e em outros pontos do globo. Nós podemos citar também a pajelança e outras práticas mágico-religiosas de quase todas as tribos indígenas da América do Sul e Central, ou mesmo dos aborígenes das mais variadas tradições, da África à Austrália.

O xamã se identifica com a prática por meio de vocação ou da crise xamânica, em que adoece sem explicação até que se autocura e adquire o dom xamânico de curar, falar com espíritos, manifestá-los ou empreender viagens xamânicas aos mundos invisíveis.

Pelas definições de Xamanismo como técnica do êxtase, podemos facilmente fazer uma aproximação deste com muitas formas de "transe" e também com o "transe de possessão" e "transe mediúnico de incorporação", embora Eliade tenha restrições. Ele distingue o xamã de um "possesso", pois possui a capacidade

---

26. ELIADE, 2002, p. 16.

de controlar os espíritos, embora reconheça os xamãs "possessos" como exceções fatuais.

Eliade, ao diferenciar o xamã do "possesso", que se aproxima do médium como instrumento passivo, também faz uma aproximação de médiuns ativos como se identificam na Umbanda e Candomblé, os quais invocam essa ou aquela divindade, entidade ou espírito da natureza para realizar certo trabalho espiritual ou simplesmente abençoar, trazer seu axé, à comunidade. No entanto, Ioan M. Lewis discorda de Eliade e nos fornece uma visão antropológica que aproximará ainda mais o xamã do "médium", ou xamanismo de "transe de possessão" no geral e "transe mediúnico de incorporação" no específico. Vejamos suas palavras:

> Nossa preocupação é verificar se Eliade está certo ao procurar colocar uma distinção entre a possessão por espírito e o xamanismo. Outros escritores desse assunto aceitam claramente sua afirmação.
>
> [...] Para assentar esse ponto, temos de nos reportar aos primeiros relatos de xamanismo ártico utilizados por Eliade e também por Heusch. Quando examinamos essas fontes cuidadosamente, descobrimos que essa distinção é, de fato, insustentável. O xamanismo e a possessão por espírito regularmente ocorrem juntas e isso é verdadeiro particularmente para o Ártico, *locus classicus* do xamanismo. Assim, tanto entre os esquimós como entre os chukchee da Sibéria oriental, os xamãs são possuídos por espíritos.
>
> [...] Apesar de o xamã trabalhar também em outros contextos, seu centro principal de atividade é a sessão. As sessões podem ser realizadas para manter contato com os espíritos do mundo superior ou inferior. Por exemplo, o xamã pode ser consultado pelos homens de seu clã para revelar as causas do aparecimento de uma doença, ou para descobrir a razão de uma onda de má sorte na

caça. Isso requer que ele invoque os espíritos ao seu corpo e, tendo estabelecido a causa do infortúnio, tomar as devidas ações. Ele pode, por exemplo, julgar apropriado o sacrifício de uma rena aos espíritos do mundo inferior e procurar persuadi-los a remover as dificuldades que seus companheiros estão experimentando.

Outras sessões são dedicadas aos espíritos do mundo superior ou aos espíritos que vivem neste mundo... a sessão é sempre o principal ritual dramático do xamanismo e inclui a possessão.[27]

1.3 Recrutamento do xamã

Segundo Mircea Eliade, há duas formas de se tornar xamã: de forma hereditária, ou "outorgado diretamente pelos deuses e pelos espíritos".

Quando a outorga de poderes é feita de forma direta, é comum no período que antecede a esta o futuro xamã (feiticeiro, mago, curandeiro, etc.) sofrer ataques, dores, histeria, alucinações, epilepsia e ser até mesmo visto como louco ou desequilibrado dentro de seu grupo social. Esse período é chamado de "crise xamânica" ou "doença xamânica", e muitas vezes se dá com a migração do "transe sem sentido", fora de contexto, para o "transe de sentido", dentro de um contexto que lhe dá sentido de ser. Esse neófito pode ser orientado dentro de uma comunidade xamânica, por um mestre ou xamã de forma pessoal ou mesmo por uma descoberta solitária, deste que entrou em crise. E é, principalmente nesse ponto, que o "transe" vai se assemelhar e se enquadrar em "psicopatologias", até que assuma um sentido de ser, no qual um ritual, postura ou conhecimento lhe dará disciplina, doutrina e/ou controle. Alguns estudiosos, que não tiveram a mesma profundidade no assunto, chegam a dizer que "a única diferença entre um xamã e um epilético estaria no fato de este último não ser capaz de realizar o transe por vontade própria".[28] O que não

---
27. LEWIS, p. 57-59.
28. ELIADE, 2002, p. 38.

faz muito sentido de ser ou dizer, pois o xamã (feiticeiro, médium...), além de entrar em transe, dá um sentido e propósito ao fenômeno, assim como tem ascendência em sua comunidade na qual se confia a ele a cura, orientação e a manutenção, bem como a manifestação do sagrado. E claro que nenhuma comunidade depositaria tal confiança em alguém desequilibrado, doente ou que não respondesse por si mesmo.

Em todas as comunidades antigas ou arcaicas, esse dom xamânico que se processa por meio do transe com sentido faz reconhecer líderes que são identificados por sua "sabedoria" e capacidade de dar um sentido transcendente à existência e aos problemas cotidianos da comunidade. Com o passar dos anos, caso fosse substituído por um xamã mais novo, preparado por ele mesmo, o xamã mais velho se tornaria, também, um conselheiro podendo formar ou vir a tomar parte de um "conselho de anciãos". Sem esquecer que nas tribos "arcaicas", assim como nas sociedades modernas e pós-modernas, o xamã não é o único modelo de sacerdócio. Convivem juntos xamãs, sacerdotes vocacionais (que não entram em transe) e conselheiros.

Recrutamento dos xamãs nas regiões oeste e central da Sibéria

> Entre os voguls, afirma Gondatti, o xamanismo é hereditário e se transmite também por linha feminina. Mas o futuro xamã se sobressai desde a adolescência. Desde cedo torna-se nervoso e em certos casos chega a estar sujeito a ataques de epilepsia, interpretados como um encontro com os deuses. A situação é aparentemente outra entre os ostyaks orientais; lá, segundo Dunin-Gorkavitsch, o xamanismo não se aprende, é um dom do Céu que se recebe ao nascer. Na região de Irtysh, é um dom de Sanke (o Deus do Céu) e faz-se notar desde a mais tenra idade. Os vasinganes também consideram que se nasce xamã. Porém, como nota Karjalainen, hereditário ou espontâneo, o xamanismo é sempre um dom dos deuses ou dos espíritos; visto sobre certo ângulo, só é hereditário na aparência.

Geralmente, as duas formas de obtenção dos poderes coexistem. Entre os votyaks, por exemplo, o xamanismo é hereditário, mas também é outorgado diretamente pelo deus supremo, que instrui pessoalmente o futuro xamã através de sonhos e visões. Ocorre exatamente o mesmo entre os lapões, onde o dom se transmite dentro da família, mas os espíritos também podem concedê-lo a quem quiserem. Entre os samoiedos siberianos e os ostyaks, o xamanismo é hereditário... mas a qualidade de filho de xamã não basta; é preciso que o neófito seja ainda aceito e legitimado pelos espíritos.[29]

Eliade também afirma que "a vocação xamânica, à semelhança de qualquer outra vocação religiosa, manifesta-se por uma crise, por uma ruptura provisória do equilíbrio do futuro xamã".[30]

Não é nosso objetivo um aprofundamento específico no xamanismo, apenas apresentar situações de sua fenomenologia que o aproximam do *continuum* mediúnico, observando as semelhanças entre essa e aquela vertente de transe. Entre os adeptos das religiões mediúnicas vemos relatos semelhantes sobre as formas de se tornar médium. Assim como um xamã, o médium passou por crises ou foi preparado por alguém que lhe identificou o dom da mediunidade.

---

29. ELIADE, 2002, p. 27-28.
30. ELIADE, 2002, p. 2.

Capítulo II

O Transe Mediúnico na Umbanda

2.1 Umbanda

A Umbanda é uma religião brasileira, fundada no dia 15 de novembro de 1908 por um jovem rapaz, que tinha na época apenas 17 anos. Zélio Fernandino de Moraes, a exemplo dos xamãs, teve as tais "crises" de transcendência. Vindo de uma família católica

Zélio de Moraes, arte de Claudio Gianfardoni
Acervo pessoal de Alexandre Cumino

de militares, que não soube lidar bem com a questão, foi levado a um tio, dr. Epaminondas, médico psiquiatra, para verificar se tinha problemas mentais, mas este o diagnosticou saudável. Então, o jovem foi encaminhado a outro tio, um padre, onde foi exorcizado algumas vezes e devolvido, sem solução. Sua mãe o levou ainda a uma benzedeira, que incorporava o espírito de um ex-escravo, Tio Antônio. Em transe, o espírito teria lhe dito que tinha uma missão a cumprir. Na data citada (15/11/1908), o rapaz, em desequilíbrio, com dores e mal-estar, foi conduzido até uma sessão espírita (kardecista), religião praticada na época apenas por uma elite que tinha contato com a Europa e, por conseguinte, com a nova doutrina codificada por Allan Kardec. Durante a sessão kardecista, os médiuns ali presentes passaram a manifestar a presença de espíritos de ex-escravos e índios, que logo eram convidados a se retirar, afinal não se desejava comunicações com espíritos de uma classe inferior.

Revista *Gira da Umbanda*

Nesse momento, Zélio de Moraes pergunta o porquê de não aceitarem a presença de tais espíritos. Quando ele fez essa pergunta, já não era mais a pessoa, mas o espírito incorporado nele quem falava. O próprio Zélio de Moraes relatou sua história para a Revista *Gira da Umbanda*, ano 1, nº 1, 1972, com a chamada de capa "Eu Fundei a Umbanda" e matéria intitulada "A Umbanda existe há 64 anos!":

> Foi então que, impelido por uma força estranha, levantei-me outra vez e perguntei por que não se podiam manifestar esses espíritos que, embora de aspecto humilde, eram trabalhadores. Estabeleceu-se um debate e um dos videntes, tomando a palavra, indagou:
> – "O irmão é um padre jesuíta. Por que fala dessa maneira e qual é o seu nome?"
> Respondi sem querer:
> – "Amanhã estarei em casa deste aparelho, simbolizando a humildade e a igualdade que deve existir entre todos os irmãos, encarnados e desencarnados. E se querem um nome, que seja este: sou o Caboclo das Sete Encruzilhadas".
> Minha família ficou apavorada. No dia seguinte, verdadeira romaria formou-se na Rua Floriano Peixoto, onde eu morava, no nº 30. Parentes, desconhecidos, os tios, que eram sacerdotes católicos e quase todos os membros da Federação Espírita, naturalmente em busca de uma comprovação. O Caboclo das Sete Encruzilhadas manifestou-se, dando-nos a primeira sessão de Umbanda na forma em que, daí para a frente, realizaria seus trabalhos. Como primeira prova de sua presença, através do passe, curou um paralítico, entregando a conclusão da cura ao Preto-Velho, Pai Antônio, que nesse mesmo dia se apresentou. Estava criada a primeira Tenda de Umbanda, com o nome de Nossa Senhora da Piedade, porque, assim como a imagem de Maria ampara em seus braços o Filho, seria o amparo de todos os que a ela recorressem.

O Caboclo determinou que as sessões seriam diárias; das 20 às 22 horas e o atendimento gratuito, obedecendo ao lema: "dai de graça o que de graça recebestes". O uniforme totalmente branco e sapato tênis.
Desse dia em diante, já ao amanhecer havia gente à porta, em busca de passes, cura e conselhos. Médiuns que não tinham a oportunidade de trabalhar espiritualmente por só receberem entidades que se apresentavam como Caboclos e Pretos-Velhos passaram a cooperar nos trabalhos. Outros, considerados portadores de doenças mentais desconhecidas, revelaram-se médiuns excepcionais, de incorporação e de transporte". (CUMINO, 2010, p.125)

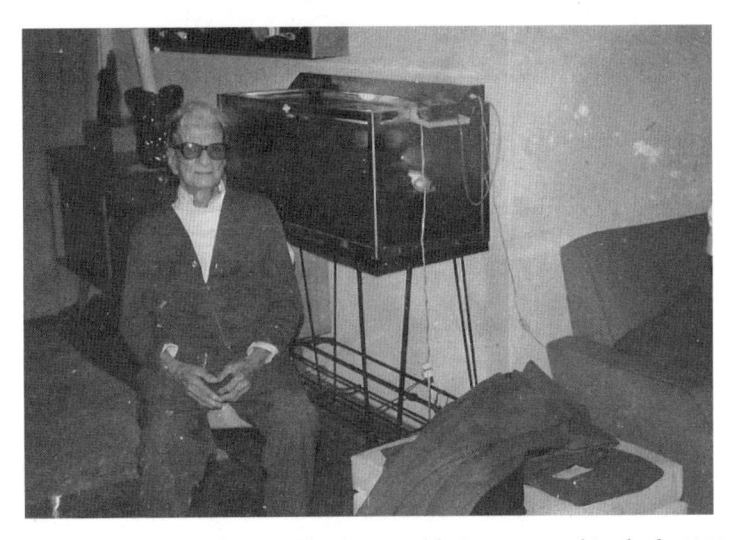

Zélio de Moraes em foto tirada por Ronaldo Linares na década de 1970
Acervo de Alexandre Cumino

O Caboclo das Sete Encruzilhadas definiu a religião de Umbanda como *"a manifestação do espírito para a prática da caridade"*, na qual todos os espíritos poderiam se manifestar, seguindo a máxima de aprender com quem sabe mais e ensinar a quem sabe menos.[31]

---
31. A todos que pretendem se aprofundar nas questões históricas da Umbanda recomendo o livro *História da Umbanda*, Alexandre Cumino, Madras Editora.

Zélia e Zilméia, filhas carnais de Zélio em
foto de Ronaldo Linares
Acervo de Alexandre Cumino

A comunicação com espíritos sempre existiu, desde o xamanismo mais ancestral. A comunicação mediúnica de índios e escravos já existia também em outros cultos mediúnicos como Tambor de Mina, Catimbó, Candomblé de Caboclo e, claro, nas Macumbas Fluminenses e Cariocas. O que caracterizava uma nova religião era uma nova forma de se comunicar com os espíritos, dentro de um ritual brasileiro. O Caboclo, aos poucos, foi montando um ritual voltado ao culto dos espíritos, santos e orixás. Entre os espíritos, privilegiou-se ou destacou-se a presença dos Caboclos e Pretos-Velhos, seguidos, com o tempo, por crianças, exus e pombagiras.

Os espíritos se agrupam por afinidade, na qual mais uma vez destacamos o Caboclo e o Preto-Velho como exemplo, em que cada linhagem de espíritos ou "linhas de trabalho" se apresenta com um arquétipo ou perfil psicológico bem definido.

O Preto-Velho representa o sábio e paciente ancião, enquanto o Caboclo representa o forte e destemido índio.

Entre os santos e orixás foi adotado um sincretismo afro-católico, muito similar ao que já era usado pelo Candomblé baiano e outros cultos afro-brasileiros.

Nesse sincretismo se unem por afinidade, dentro do culto, Jesus e Oxalá, Nossa Senhora da Conceição e Oxum, Nossa Senhora dos Navegantes e Iemanjá, São Sebastião e Oxóssi, São Jerônimo e Xangô, São Jorge e Ogum, São Lázaro e Obaluaiê, Santa Bárbara e Iansã, São Cosme e Damião e Ibeji. Acredita-se que os Orixás tenham qualidades análogas às dos santos católicos sincretizados a eles. Não faltam ainda orações e pedidos aos anjos Miguel, Gabriel e Rafael. No caso do culto aos Orixás na Umbanda, vale lembrar que são de um número reduzido em comparação aos demais cultos de Nação e Candomblés tradicionais. Encontramos na religião de Umbanda praticamente algo em torno de uns 14 ou 16 Orixás, no máximo, que constituem aqueles mais conhecidos. Lembrando que, para muitos, o número de Orixás não passa de sete, pela força mística que esse número assume dentro da Umbanda.

Tive a oportunidade de conhecer os trabalhos desse primeiro templo de Umbanda (Tenda Espírita Nossa Senhora da Piedade) sob o comando da filha carnal de Zélio, Zilméia de Moraes, já desencarnada. Templo este que agora se encontra sob a direção da neta de Zélio, Ligya Cunha, e de seu filho Leonardo. Pude observar um templo simples e sóbrio, que atualmente não está mais em seu endereço inicial. Encontra-se em Boca do Mato – Cachoeiras de Macacú – RJ. Ali observei que, além dos santos em sincretismo, há também uma imagem de Santo Expedito e que Nossa Senhora da Piedade fica no alto de um altar montado com imagens católicas, dos santos sincretizados com os Orixás. As atividades ritualísticas continuam sendo praticadas pela família até os dias de hoje da mesma forma que praticou seu fundador. Num salão de chão de taco, divide-se uma parte para os médiuns ficarem à frente do altar, e bancos para os visitantes e adeptos (consulentes) se sentarem e acompanharem o ritual até o momento de se consultarem com os espíritos.

Embora seja de grande valia contextualizar e caracterizar a *Tenda Espírita Nossa Senhora da Piedade* como o primeiro templo da religião e modelo inicial, em um âmbito mais amplo vamos encontrar na maioria dos templos de Umbanda (também chamados de terreiro, centro, núcleo, abacá, ilê, tupãoca, etc.) algo similar, em que é comum manter a imagem do santo como referência do Orixá. Muitos praticantes desconhecem o contexto cultural africano de origem dessas divindades da cultura Nagô-yorubá, assim assumindo as qualidades populares dos santos para definir o perfil dos Orixás. Essa visão varia um pouco de templo para templo. Há quem não use imagem alguma e cultue apenas a "força" do Orixá sem o sincretismo, e há também aqueles que adotam um perfil mais católico, no sentido popular da palavra. Muito difícil será, no entanto, não encontrar imagem de gesso ou, no mínimo, um quadro de Jesus, pois a religião de Umbanda como espelho de uma cultura de matriz brasileira tem natureza muito cristã.

2.2 O ritual da Umbanda

O ritual de Umbanda, em geral, tem início com preces e orações, que vão desde o *Pai-Nosso* e *Ave-Maria*, passando por preces espíritas, como a *Prece de Cáritas*, seguindo com palavras livres dirigidas a anjos, santos, orixás e espíritos. É feita uma "defumação", que consiste em queimar ervas secas dentro de um turíbulo com carvão em brasa e passar por todo o ambiente para uma "limpeza energética". Segue-se o ritual o tempo todo cantando músicas sacras da religião, chamadas "pontos de Umbanda". Tudo é cantado. O início formal se dá com o ritual de "bater cabeça", em que cada médium vai se prostrar, ajoelhar diante do altar e tocar o chão com a testa, em sinal de reverência, entrega e devoção.

Logo depois, tem início a sessão por meio do "Ponto de Abrir Gira", que pode variar entre uma sequência de opções, como a que segue abaixo:

Vou abrir minha jurema
Vou abrir meu juremá
Com a licença de Mamãe Oxum
E nosso Pai Oxalá
(Domínio Público)

Essa ordem pode variar, até que se faz a louvação aos orixás e a chamada dos espíritos para incorporarem em seus médiuns que, geralmente, entram todos em transe ao mesmo tempo, respeitando o tempo marcado pela liturgia do ritual. É costume na Umbanda identificar qual classe de espíritos vai se manifestar. Se a chamada é de caboclo, todos vão incorporar espíritos de caboclos, se for de Preto-Velho ou outras "linhas de trabalho", segue a exemplo dos caboclos.

Os médiuns, na maioria das vezes, estão vestidos de branco e, uma vez incorporados, é comum as "entidades" espirituais fumarem e beberem, o que é justificado não como vício e, sim, manipulação de energias. Caboclos fumam charuto e bebem cerveja ou água de coco, Pretos-Velhos fumam cachimbo e bebem café, Exus fumam cigarro ou charuto e bebem água ardente, Pombagira fuma cigarro ou cigarrilha e bebe champanhe ou cidra.

São utilizadas, durante as sessões, ervas e flores. Os espíritos usam também um giz, chamado pemba, para traçar símbolos mágicos no chão ("pontos riscados"). Muitas velas estão no altar, nos "pontos riscados" e na mão dos espíritos. Dentro da fenomenologia desse ritual, no momento em que os espíritos estão manifestados em seus médiuns, os vemos conversando e aplicando energia por meio da imposição das mãos, ou observamos movimentos das mãos que parecem retirar algo das pessoas (energias negativas). Alguns espíritos fazem benzimentos, outros fazem rezas, às vezes usam maracas (chocalhos), pedras, ervas e outros elementos considerados de poder mágico para realizar suas "consultas". É comum os consulentes entrarem em transe, o que, na sequência do ritual, é visto como normal. Procura-se conversar com o espírito para saber do que se trata, se é um dos guias espirituais desse consulente, algum espírito que está lhe prejudicando ou alguém que venha trazer alguma mensagem. Assim, logo que todos são atendidos, prossegue-se com o "Fechamento dos Trabalhos", cantando o "Ponto de Fechar Gira" e uma oração de encerramento e agradecimento.

Essa é uma sequência típica da liturgia ritual da religião de Umbanda, podendo variar um pouco de templo para templo. Além desse trabalho de atendimento das pessoas, voltado a recebê-las para colocar em prática a caridade pregada por seu fundador, também costuma-se ter sessões fechadas apenas para os médiuns, como encontros voltados ao desenvolvimento de suas faculdades mediúnicas com atenção e foco na mediunidade de incorporação.

2.3 Transe na Umbanda

Patricia Birman nos oferece algumas reflexões sobre o transe na Umbanda, o qual, em sua linguagem, é identificado como possessão:

> O oposto da possessão diabólica é, pois, a *comunhão mística*, aproximação e identidade cada vez mais realizada com os princípios divinos.
> A Umbanda, que cultiva a possessão como algo benéfico, evidentemente, pensa e age diferente (do Catolicismo com seus exorcismos). Ao invés de expulsar as entidades sobrenaturais, consideradas necessariamente maléficas pelos cristãos, adota um outro lema: *conviver com elas*.
> Falar em possessão nos cultos afro-brasileiros implica logo qualificá-la. Quem desceu? Pode ser Ogum, Oxóssi, uma cabocla das matas, da cachoeira, um exu desconhecido.[32]

Exatamente por questões como essa que a palavra possessão parece tão desconexa do conceito, pois o umbandista deseja ser possuído, logo, dentro desse contexto, está mais próximo do conceito de *comunhão mística*. No entanto, nenhuma expressão parece mais apropriada para designar o que acontece do que transe de incorporação ou, simplesmente, mediunidade de incorporação.

Embora discordemos do uso da palavra possessão, vamos continuar acompanhando Patricia Birman em mais algumas de suas reflexões sobre a possessão (mediunidade de incorporação) na Umbanda:

---

32. BIRMAN, 1983, p. 15.

[...] em relação à representação da pessoa humana, a Umbanda tem a possibilidade de empregar a seguinte fórmula: "vários espíritos em uma só cabeça".

Os umbandistas são, portanto, súditos de vários senhores e dividem seu tempo, seu corpo e sua pessoa trabalhando para todos, tentando conciliar essas vontades diversas entre si e consigo mesmos.[33]

Em outras palavras, de acordo com uma ordem "prática", alguns guias possuem maior importância que outros.
Quais são os critérios que distinguem uns de outros? E, finalmente, que guias são esses?
Em termos práticos, os umbandistas privilegiam os espíritos que "dão consulta", isto é, que são capazes de, incorporados no corpo do médium, interagir com os participantes do terreiro, ajudando-os a resolver seus problemas. Os que "dão consulta" formam um certo conjunto à parte, pela importância que possuem na vida cotidiana dos terreiros.
É interessante observar a metamorfose por que passam as entidades que dão consulta incorporadas nos médiuns. Ao longo do tempo, vão adquirindo contorno cada vez mais precisos; suas formas, seus estilos tornam-se, com o passar do tempo, marcas inconfundíveis de sua presença. No final de alguns anos, são verdadeiras personagens de "carne e osso", conhecidas não só no âmbito do terreiro, mas também em sua vizinhança, no bairro...
[...] Num terreiro que conheci, o guia mais famoso era um caboclo, "Seu Pena-Branca". As pessoas da casa eram capazes de enumerar grande quantidades de cura que ele teria realizado. Sabiam dizer do que o guia gostava, que tipo de problema ele melhor resolvia, qual seu

---

33. BIRMAN, 1983, p. 25.

temperamento. Eram capazes de reconhecer sua voz e seus gestos mais comuns.[34]

Uma das características fortes da mediunidade na Umbanda é a citada por Birman, *vários espíritos em uma só cabeça*. O que, nesse contexto, diz respeito ao fato de que cada médium entra em transe com as diversas categorias de entidades, ou seja, cada um dos praticantes mediúnicos manifesta caboclo, Preto-Velho, Criança, Exu e Pombagira, entre outros. Pode-se observar ainda médiuns que incorporam mais de um caboclo e, além das "linhas de trabalho" tradicionais, trazem ainda, em alguns casos, baiano, boiadeiro, marinheiro, cigano e outros.

Esta é a característica forte da Umbanda: manifestar os espíritos dentro do que se chama de "linhas de trabalho", nas quais essas entidades se organizam em grupos de acordo com seu arquétipo ou perfil. Dessa forma, há a manifestação de Caboclos e Pretos-Velhos, por exemplo, que constituem as "linhas mestras" da Umbanda e são as entidades mais presentes e atuantes, seguidas de Crianças, Exus, Pombagiras, Baianos, Boiadeiros, Marinheiros, Ciganos e outros. Não vamos entrar no mérito das diversas "linhas de trabalho", mas apenas citar uma ou outra no próximo capítulo para dar ênfase à relação do médium com a natureza de cada entidade que se manifesta.

---

34. BIRMAN, 1983, p. 36-37.

Capítulo III

O Transe como Produtor de Sentido

3.1 Transe e sentido

A experiência do transe mediúnico de incorporação de espíritos e Orixás é produtora de sentido para a vida. Durante o período de adaptação dessa modalidade mística, a maioria dos adeptos passa por um desenvolvimento mediúnico e vai aprendendo a abrir mão de si mesmo e de sua personalidade para que vivencie a experiência mística do transe. Durante o transe, descrito como incorporação, uma "possessão voluntária", embora seja algo indescritível em sua compreensão última, verifica-se a presença de diferentes arquétipos. Nesse momento único de estado alterado de consciência, a visão sobre si mesmo toma um outro ângulo ou ponto de vista, como pensar a mesma vida com uma outra cabeça, ver a mesma vida com outros olhos e sentir com uma percepção outra.

As descrições desse momento são diversas. Embora guardem semelhanças umas com as outras, boa parte dos praticantes ou médiuns tem lembranças desses períodos no qual relatam sentir essa presença de uma outra consciência dominando sua vontade, em que se cria uma realidade paralela, um relacionar-se com novos valores.

Vivemos atualmente em um sistema social agressivo que incentiva a competitividade, o lucro e as diferenças sociais. Esse é o reflexo do mundo moderno ocidental desenvolvido sob o pensamento racional e linear, no qual se acreditava que as ciências e a lógica explicariam tudo. Seja uma democracia capitalista ou comunista, o homem moderno não teve a capacidade de abrir mão do individual em prol do coletivo. Em sua ganância, o homem busca acumular bens e riquezas, criando mecanismos cada vez mais complexos para regular uma realidade corrompida em todos os setores. Como resultado, a maior parte da população se encontra fragilizada e sem um rumo certo, ou porto seguro para si mesma. São pessoas bombardeadas pelos valores do capital, onde a lei é seguir os moldes do espetáculo televisivo, em que uns poucos servem de vitrine dos desejos para os demais (desejos de ter, ser e ir), onde a ilusão dos programas de televisão as levam psicologicamente e geram um choque cada vez mais radical quando se aperta o botão "desligar". Essas desigualdades e desejos levam a uma criminalidade urbana cada vez mais crescente, na qual o homem contemporâneo se vê pressionado por valores de consumo e tensionado por seus desejos.

Na falta de possibilidades de realizar-se ou de alcançar uma vida plena, perde-se o essencial, que é o sentido de ser.

Camargo comenta que "a pesquisa levou-nos realmente a entender o florescimento das religiões mediúnicas como um dos meios alternativos que facilitam a adaptação do homem brasileiro à vida urbana"[35] e, em sua condição de sociólogo, observa essa questão com razões sociais que favorecem esse papel:

> Capacidade de ser fonte de orientação para os indivíduos (substituindo a tradição e sua autoridade), aceitação de valores urbanos e profanos, busca de coerência explícita com a "ciência" e a atitude "científica", etc.[36]

Ainda dentro desse olhar sociológico, Camargo observa a conversão ao *continuum* mediúnico por meio de quatro fases, que envolvem fatores emocionais e interesses práticos que se combinam e nem sempre são claros para o praticante. Vejamos como o autor classifica esses períodos durante o processo chamado de conversão:

---
35. CAMARGO, 1961, p. XII.
36. CAMARGO, 1961, p. XII.

Primeira Fase – Problema Emocional
Via de regra, quem procura a experiência religiosa tem problema que o afeta emocionalmente. Os que buscam o *continuum* mediúnico não constituem exceção.

A doença física, própria ou de parentes, as "perturbações" que anuviam o espírito, o sofrimento pela morte dos entes queridos, os desajustes e "atrasos de vida", o amor que falta e a consciência e sem sentido da existência (grifo nosso) são temas comuns da condição humana. Eles se apresentam também como problemas para a solução mediúnica...

Segunda Fase – Momento das Provas
Uma das vantagens do *continuum* é a natureza sensível da experiência religiosa que proporciona. Em primeiro lugar, aos olhos do neófito, a própria mediunidade constitui maneira evidente de contato com uma outra esfera da realidade. O *numinosum*, no sentido empregado por Otto, surge de modo palpável e irrefutável. Por vezes, a existência desse outro mundo antes desconhecido é vislumbrada no "desenvolvimento" mediúnico do próprio converso. Além do mais, as "provas" se multiplicam, as curas aparecem, simbolizando o poder de uma realidade que se desconhecia ou se deixara esquecida e, às vezes, a experiência ou o relato das materializações vêm apresentar mais evidências aos olhos desejosos de ver.

Terceira Fase – A convicção
Se enumeramos uma variedade de "provas" sensíveis foi para dar uma ideia da gama de recursos que dispõe o *continuum*. Elas, em geral, não são todas necessárias para convencer o converso. Bastam uma ou duas para responder, de modo significativo, aos anseios emocionais em jogo.

O mais importante – e característico – é, entretanto, seu conteúdo explicativo, o poder de dar significado às

> peripécias e acidentes da vida, com que se reinterpreta, a um tempo, a tensão emocional do converso e a natureza da "prova" que ele recebeu. Sua tensão emocional e a "prova", ambos tornam-se significativos; e, nessa medida, evidentes para ele. Está, assim, formada a convicção.
>
> Quarta Fase – A internalização da orientação religiosa
>
> [...] A consolidação da convicção é a medida da funcionalidade da doutrina e da prática mediúnica. Na capacidade de "dar conta" da realidade, interpretar os fatos e orientar de modo eficaz o fiel na solução dos problemas de sua vida, funda-se o sucesso das religiões mediúnicas.
>
> A orientação interna da vida pode então – no contexto concreto da sociedade paulista – facilitar a integração do fiel no mundo, justificando-o aos seus próprios olhos e guiando-o em suas relações com os outros.[37]

Podemos ver que a primeira fase é algo comum, que atrai para muitas outras religiões, e não apenas para as mediúnicas e que, nesse caso, existe um atrativo relacionado aos relatos daqueles que já pertencem aos cultos mediúnicos com relação às curas obtidas. Numa segunda fase, isso vai deixando de ser mera teoria para se caracterizar de forma empírica na realidade do recém-converso, o neófito. A partir de sua nova interpretação da realidade das questões que o afligem, o converso passa para a convicção e, desta, para a internalização dos valores.

Dentro da primeira fase e acompanhando todas as outras, Camargo identifica uma "função terapêutica" nos "mediúnicos", na qual se realizam as curas físicas, morais e o que vou chamar de "cura social", identificado pelo autor como "Integração na Sociedade": "a esperança de cura constitui o motivo primordial de aproximação".[38]

Dessa forma, o autor já começa a evidenciar bons motivos para um curioso, por exemplo, imbuído de necessidades biológicas, psíquicas ou sociais, identificar-se com as religiões mediúnicas. Mas o

---

37. CAMARGO, 1961, p. 80.
38. CAMARGO, 1961, p. 94.

autor não para por aí, a quarta fase é de internalização da orientação religiosa e, nesse ponto, evidenciam-se as questões de sentido para a vida, objeto de nosso estudo. Dentro desse ponto de vista, cita a "funcionalidade da religião mediúnica", classificando em "natureza sacral de explicação do mundo" e "natureza intelectual".

A função terapêutica por si só já se caracteriza como uma forma de sentido para a vida e para manter-se convicto e adepto ao mediunismo, pois, "de modo geral, permanece viva após a plena adesão do fiel à doutrina e à prática mediúnicas".[39] Levando em consideração que a obra citada foi publicada em 1960, período de suas pesquisas, não podemos deixar de contextualizar o grande êxodo rural que vinha acontecendo para os grandes centros urbanos e o perfil de religião urbana que tem o *continuum* mediúnico, especialmente em São Paulo, em que está seu campo de pesquisa.

Nesse universo paulista, urbano, de época, Camargo dá bastante atenção à função integradora do ser na sociedade, que é característica em todas as religiões. No entanto, aqui, as religiões mediúnicas em si, ou seja, a prática do mediunismo, constituem "uma alternativa possível no processo de adaptação das personalidades às exigências da vida urbana",[40] o que vem a ser um fator primordial para enfatizar, na época, que "efetivamente, os dados indicam não haver religião no Brasil cujo crescimento relativo tenha sido tão rápido nas últimas três décadas".[41]

O autor cita que as razões do sucesso das religiões mediúnicas se dão exatamente por conta da "internalização" da orientação da vida. Nessa questão em específico vamos chegando ao objetivo de nosso trabalho, pois no momento de internalização dos valores das

---

39. CAMARGO, 1961, p. 95.
40. CAMARGO, 1961, p. 97.
41. CAMARGO, 1961, p. 111. Obs. de Alexandre Cumino: De forma específica à Umbanda, seu crescimento recente, tem o *desenvolvimento datado de dez anos*. (p. 34) Informação esta que vai ao encontro da obra de CUMINO (*História da Umbanda*, p. 136) em que cita o período que tem início na década de 1950, alcançando seu ápice na década de 1970, como o de maior expansão dessa religião. Logo após este período, vem o declínio dela. Seu "esvaziamento" pode ser observado, socialmente, com a recente expansão da religiões neopentecostais, totalmente voltadas à questão terapêutica e com discurso agressivo em relação às religiões mediúnicas, nas quais encontraram o seu grande público, especialmente entre os afro-brasileiros.

religiões mediúnicas em particular, e da Umbanda em específico, se evidenciam as questões relativas à prática mediúnica como um sentido para a vida. Dentro de seu olhar sociológico, Camargo coloca dois pontos importantes para a internalização da religião e da mesma como fator integrador da urbanidade:

1. *Natureza sacral da explicação do mundo*
2. *Sua natureza intelectual*

A Natureza Intelectual diz respeito ao fato de que as religiões mediúnicas procuram ter continuidade com a ciência e harmonia com os valores da cultura paulista (urbana), ou seja, os mediúnicos têm discurso cientificista e linguagem, olhar, contemporânea e moderna para o contexto.

Com relação ao sentido para a vida mais relacionado ao transe, vai nos interessar observar mais de perto o que o autor identificou como natureza sacral da explicação do mundo, como vamos observar abaixo:

> A tradição cultural brasileira... é impregnada de um estilo sacral de compreender a realidade. [...] muitas vezes a solução sacral é a única que parece compreensível e significativa, a única bastante radical e profunda para ser capaz de organizar a vida íntima e atribuir valor e sentido às ações e experiências.
>
> [...] No que tange à natureza sacral da visão mediúnica do Cosmos, podem-se distinguir dois aspectos precisos que a caracterizam.
>
> Participação do sobrenatural na compreensão da realidade:
> Entendemos por isso a participação, na compreensão dos fatos, de elementos de uma esfera que transcende o mundo material e natural.
>
> Embora não reconhecendo a existência do sobrenatural, no sentido em que o católico emprega a expressão, há nas

religiões mediúnicas a aceitação de uma esfera de realidade que se contrapõe à realidade profana comum e que poderíamos chamar de sobrenatural. Não que essa esfera se oponha e se separe da vida cotidiana. Pelo contrário, a interpenetração de ambas é mesmo condição de sua funcionalidade na vida corrente.

O que caracteriza exatamente a contribuição do que denominamos de "sobrenatural" é a capacidade de explicar os fatos e acontecimentos da vida, integrando no sistema comum e profano de explicação das coisas outros dados que os completam e que vêm revelar um sentido mais integral de nossa experiência da vida.

Esses dados que passam a integrar a experiência são, na interpretação dos "mediúnicos", os espíritos "desencarnados", próximos ou distantes de nós, os fluidos manipulados com boa ou má intenção, os Orixás com suas falanges, a técnica mágica e sua utilização positiva ou negativa. Todo esse mundo que chamamos de sobrenatural constitui, aos olhos do fiel, uma realidade que o ajuda a interpretar sua experiência cotidiana, compreendê-la de modo significativo e orientar sua ação, de maneira coerente sistemática.

Sentido mítico da compreensão
A participação de outra esfera da realidade como ingrediente interpretativo do mundo redunda, na visão do *continuum* estudado, no que chamaríamos, sem nenhum sentido pejorativo, de compreensão mítica da realidade. Entendemos por compreensão mítica a capaz de dar sentido a cada episódio da vida como se fosse parte de uma história significativa, fundando, ao mesmo tempo, os valores morais que a história representa.
[...] Todos os eventos, posteriormente, passam a ser interpretados de modo significativo como peripécias da aventura cósmica de cada vida.

A capacidade de compreensão de estilo mítico é incomparável, pois *cada fato* da vida cotidiana assume um *sentido* que o explica em função do todo a que pertence, assim como os pormenores da vida do herói ganham sentido na trajetória definitiva de sua existência.

Os fatos e acontecimentos são encarados como "avisos", "oportunidades" ou "provações", dando pleno sentido aos eventos diários. Com a compreensão mítica desaparecem o acaso e o absurdo e o pleno sentido de vida surge do embate moral de cada vida. No plano da evolução espiritual, em que cada caso particular assume uma feição e uma história, se descobre o sentido final dos eventos e as razões de ser das peculiaridades de cada trajetória.

[...] Efetivamente, os heróis do nosso mito estão no meio de sua carreira... A continuidade do esforço é condição para se confirmar o caminho já percorrido.

Nesse sentido, o mito não apenas revela valores, mas indica o traçado do futuro e a linha de conduta que deve pautar os que estão na jornada da evolução.[42]

A função terapêutica, a integração na sociedade, a natureza sacral de explicação do mundo e a natureza intelectual juntas são muito presentes na Umbanda e por si sós já constituem um sentido para a vida, que essa religião oferece aos seus adeptos como forma de ser e estar no mundo.

Embora aqui já encontremos nosso foco e objetivo, que é o transe como produtor de sentido, vamos ainda observar mais uma nuance, mais uma sutileza do transe mediúnico em específico na Umbanda e que guarda semelhanças com o Candomblé.

3.2 Sentido do transe no Candomblé

No Candomblé, evidenciam-se as incorporações de Orixás que possuem arquétipos definidos. Na Umbanda, há a incorporação,

---

42. CAMARGO, 1961, p. 112-114.

eventual, de Orixás, mas também de espíritos, ambos com arquétipos definidos. Chamamos a atenção para a relação do "mediúnico" com os arquétipos que Orixás e Guias manifestam e que, dentro do contexto de interiorização dos valores, oferece algo a mais na construção de sentido para a vida e integração ao mundo urbano ou, se preferir, a essa realidade em que vivemos de forma geral.

Antes de ir ao ponto da Umbanda, como ponto final desse nosso trabalho, convido a quem possa se interessar a me acompanhar em algumas palavras de BASTIDE e VERGER que dizem respeito à relação mediúnica com o "arquétipo" que se revela por meio dos Orixás. Comecemos por algumas palavras de BASTIDE:

> Assim, o que o candomblé nos apresenta de mais extraordinário, de mais digno de prender a atenção, é a metamorfose do indivíduo, a mudança de personalidade, a mutação da lavanderinha negra, da humilde filha da Bahia, em Iemanjá, deusa dos mares, princesa de reinos fabulosos que estão no fundo dos oceanos –, a transformação do carregador que se esfalfa todos os dias no cais, em Oxóssi, deus das florestas tropicais, dominador dos animais selvagens e dos pássaros do céu. Durante o transe, uma modificação completa se produz: uma negra de 35 anos, cujo orixá é Ibeji, os gêmeos sagrados, converte-se em menino de 5 a 6 anos, de voz infantil, de faces risonhas e ingênuas de criança que só pensa em se divertir.[43]

Algo muito semelhante, para não dizer igual, é narrado por Pierre Verger:

> Pois bem, aquela mesma baiana, igual a tantas outras, vestida de baiana e coberta de balangandãs, que passa o dia fritando acarajé para ganhar a vida, você sabe o que acontece à noite, quando ela vai para o seu terreiro, quando ela dança e entra em transe ao som dos atabaques e

---

43. BASTIDE, 1973, p. 312.

incorpora a Oxum que ela carrega? Preste atenção: ela deixa de ser uma simples baiana, igual a milhares de outras, para se transformar naquilo que ela realmente é – uma rainha. Uma rainha, sim, na profundidade de seu ser. Respeitada, tida e havida como tal por toda a comunidade de seu terreiro. E aquele estivador que passa o dia carregando sacos no cais do porto, sabe o que acontece quando ele incorpora no terreiro o Xangô que ele carrega? Acontece o mesmo: ele se transforma em um rei, porque sua verdadeira natureza é a de um rei. Você me perguntou, eu respondo: foi para isso, sim, que dediquei a maior parte de minha vida. Para contemplar e tentar entender esse espetáculo único, o maior espetáculo da Terra, que é a manifestação plena da verdade que habita a pessoa humana. A verdade profunda que é representada pelo orixá. E, se mais dez vidas eu tivesse, de bom grado dedicaria todas elas a esse mesmo objetivo.[44]

Pierre Verger, nesse caso, tem uma fala mais poética, no entanto está expressando o mesmo conceito que Bastide. O transe tem esse poder, de mexer com o perfil psicológico de quem passa pela experiência. O que chamamos a atenção agora é com relação ao impacto do perfil de cada Orixá, de seu arquétipo, em relação aos papéis sociais aos quais cada indivíduo "representa" em sua realidade. Vejamos nas palavras de Bastide a construção do contexto e a reflexão do impacto do arquétipo do Orixá sobre o perfil de seu médium:

Ora, entre os diversos personagens que representamos, alguns nos convêm melhor, seja porque exigem de nós menos trabalho, seja porque agradam nosso gosto de grandeza, nosso desejo de aplausos fáceis. Preferimos o papel de rei ao de traidor. Em seu significado mais metafísico, as religiões afro-brasileiras oferecem aos negros do Brasil um vestiário completo de personalidades, as

---
44. VERGER, 2002, p. 26-27.

mais ricas e as mais variadas, nas quais pode o negro encontrar uma compensação para os personagens menos agradáveis que a sociedade estratificada, organizada e dirigida pelos brancos lhe impõe para desempenho. Na dança extática, o negro abandona seu eu de proletário, seu eu social, para se transformar, sob o apelo angustioso dos tambores, no deus dos relâmpagos ou na rainha dos oceanos.[45]

Na época em que Bastide empreendeu seus estudos, a questão do Candomblé estava bem relacionada com uma sociedade dividida, de alto a baixo, pela questão racial, o que não é mais o caso na sociedade contemporânea. Nesse contexto mais atual, o impacto do perfil do Orixá na vida do adepto não está mais tão relacionado a uma questão social e tem conotação cada vez menos racial ou de etnia. As religiões afro-brasileiras são praticadas por todas as etnias que se interessam por essa cultura e a desagregação social, do eu, da dignidade e personalidade humana cada vez mais alcança diversas classes sociais. A grande desagregação hoje está mais relacionada aos valores de um mundo que gira em torno do consumo e da imagem, ao qual poucos escapam de expectativas sem fim de ter e possuir sempre mais com a insatisfação e o vazio existencial que não acabam. Aqui nesse ponto entra o resultado prático da experiência do transe como produtor de sentido e satisfação existencial, tanto da "lavadeirinha" de Bastide; da "baiana", do "estivador" de Verger, assim como da pessoa qualquer, oprimida pelos anseios de uma sociedade desagregadora.

Durante o transe de incorporação, o adepto vive o impacto da experiência em viver uma outra personalidade, um outro eu, outra identidade. Para tal, deve abandonar sua própria identidade por instantes que variam de ritual para ritual. Durante esse período, o ser experimenta um olhar para a vida por meio de outros paradigmas, de uma outra personalidade que tem outras respostas e sente o mundo de uma forma diferente.

---

45. BASTIDE, 1973, p. 312.

3.3 Arquétipo e transe

Aqui podemos fazer pontes com a visão mítica do mundo, por meio dos arquétipos básicos presentes de forma universal em todas as mitologias, como do herói ou do sábio ancião. Essas identidades mitológicas são vivas no inconsciente coletivo.

As manifestações arquetípicas oferecem respostas de sentido prático para a reconstrução do ser tão desagregado de si mesmo e destruído em sua dimensão social por meio da pressão dos valores estabelecidos no mundo contemporâneo. Observar essas respostas é ir ao encontro dos anseios e respostas mais profundas que habitam a alma humana e inconsciente coletivo.

O fenômeno de incorporação agrega valor à vida do ser, no qual não apenas incorpora um espírito ou Orixá, incorpora na personalidade as qualidades do arquétipo vivido durante esse curto período. Pelo fato de estar "fora de si" – em transe – nesse estado alterado de consciência há uma troca de informações e valores nas "camadas" mais profundas do eu, do ser, do *self*. As variações de consciência, semiconsciência e inconsciência, além de colocar o indivíduo em um contato com seu eu mais profundo, coloca-o também em contato com o que Jung chamou de arquétipos e inconsciente coletivo. Nesses estados, é possível ao ser encontrar ferramentas ainda desconhecidas e pouco exploradas cientificamente nos processos de cura psíquica, emocional e social. Os arquétipos fazem a vez das antigas tradições que tinham o papel primordial de guardar e passar, geração após geração, valores que preservem o sentido existencial, mantenedor da integridade social, indispensável para a saúde psíquica da maioria das pessoas.

Apenas muito recentemente surgiu a teoria de Jung sobre arquétipos e inconciente coletivo, que nos servirão de base para a compreensão, justamente, de alguns arquétipos que se manifestam desde o xamanismo mais antigo até as formas mais modernas de religiões mediúnicas por meio do "transe mediúnico". Por Jung podemos compreender que, para uma cultura influenciar a outra, não precisa ter, necessariamente, um contato físico ou material, pois todos se autoinfluenciam por meio do inconsciente coletivo. Para uma leitura bem contextualizada, buscamos uma definição original de Jung sobre arquétipos e inconsciente coletivo:

> O termo *archetypus* já se encontra em Filo Judeu como referência à *imago dei* no homem. Em Irineu também, onde se lê: "*Mundi fabricator non a semetipso fecit haec, sed de alienis archetypis transtulit*" (O criador do mundo não fez essas coisas diretamente a partir de si mesmo, mas copiou-as de outros arquétipos). Em Dionísio Areopagita encontramos esse termo diversas vezes como "*De coelesti hierrachia*"... (os arquétipos imateriais), bem como "*De divinis nominibus*".[46]

> O significado do termo *arquetypus* fica sem dúvida mais claro quando se relaciona com o mito, o ensinamento esotérico e o conto de fada (...) O fato de que os mitos são antes de mais nada manifestações da essência da alma foi negado de modo absoluto até nossos dias (...) Para o primitivo, não basta ver o Sol nascer e declinar; essa observação exterior deve corresponder – para ele – a um acontecimento anímico, isto é, o Sol deve representar em sua trajetória o destino de um deus ou herói que, no fundo, habita unicamente a alma do homem. Todos os acontecimentos mitologizados da natureza, tais como o verão e o inverno, as fases da lua, as estações chuvosas, etc., não são de modo algum alegorias dessas experiências objetivas, mas sim expressões simbólicas do drama interno e inconsciente da alma, que a consciência humana consegue apreender através de projeção – isto é, espelhadas nos fenômenos da natureza. [...][47]

O inconsciente coletivo é uma parte da psique que pode distinguir-se de um inconsciente pessoal pelo fato de que não deve sua existência à experiência pessoal, não sendo portanto uma aquisição pessoal. Enquanto o

---
46. JUNG, 2000, p. 16.
47. JUNG, 2000, p. 17, 18.

> inconsciente pessoal é constituído essencialmente de conteúdos que já foram conscientes e, no entanto, desapareceram da consciência por terem sido esquecidos ou reprimidos, os conteúdos do inconsciente coletivo nunca estiveram na consciência e, portanto, não foram adquiridos individualmente, mas devem sua existência apenas à hereditariedade. Enquanto o inconsciente pessoal consiste em sua maior parte de *complexos*, o conteúdo do inconsciente coletivo é constituído essencialmente de *arquétipos*. [...][48]

Acredito que seja fundamental ler as palavras de Jung de forma bem original na citação para a construção do conceito que, embora revolucionário, é bem simples de compreender. Esses dois conceitos são fundamentais para se aprofundar em questões mais complexas desde o ponto de vista emocional, psicológico e social em que o arquétipo se insere.

3.4 Arquétipo e transe como produtores de sentido na Umbanda

Evocando essa definição de arquétipo e inconsciente coletivo é que vamos nos dirigir ao transe mediúnico na Umbanda, no qual cito os arquétipos de caboclo, Preto-Velho, Criança e Exu. No Caboclo, observamos o arquétipo do herói; Preto-Velho, o sábio; criança, a pureza; e Exu, o trickster. Cada um desses arquétipos está enraizado no inconsciente coletivo e exerce um tipo de doutrina de impacto, tanto para quem está em transe quanto para quem recorre a eles como orientadores.

O Caboclo oferece ao seu médium a experiência de sentir na própria pele o que é ser um herói. A pessoa comum deixa de ser quem é por instantes para se tornar o próprio caboclo, que em si é um sentido de ser para a vida. Durante o processo, esse médium vai assimilando os valores desse herói, assim como a "lavandeirinha" de Bastide ou o "estivador" de Verger assumem a realeza de um Orixá.

---

48. JUNG, 2000, p. 53.

O mesmo se dá com o Preto-Velho que vai ensinar, para além das palavras, o que é humildade e sabedoria, pois ele representa o escravo, que apanhou na chibata, preso ao tronco, foi arrancado de sua terra, separado de seus parentes, tratado como animal e não perdeu a fé. Isso é uma forma de doutrina de impacto. Ele, o Preto-Velho, não precisa falar nada, apenas se apresentar com esse arquétipo inseparável de sua identidade no contexto religioso em que se insere no imaginário popular e que encontra elo mitológico no inconsciente coletivo, enquanto sábio ancião. Sua postura, sua forma de falar e manifestar-se vai agregando valores que aos poucos são internalizados pelo adepto.

Da mesma forma, a manifestação da entidade Criança, na Umbanda, vai nos lembrar como era bom não ter maldade no coração, como era bom viver sem preocupações e como precisamos ser mais crianças às vezes. Traz, entre outras coisas, uma ligação direta, por exemplo, com as palavras de Cristo sobre as crianças e o reino dos céus. Naquele momento de transe, os médiuns são crianças participando por instantes dessa pureza que pertence ao "Reino do Céu", o que, de alguma forma, pode ensinar caminhos de pureza para chegar a tal reino.

Exu representa força e irreverência para os males deste mundo, faz justiça com as próprias mãos, protege contra as trevas internas e externas, ajuda o médium a entender sua sombra, seus vícios e negativismos. Ao mesmo tempo em que ajuda a esvaziar do interior do médium sua agressividade, ou sentimentos negativos trabalhados pelos espíritos Exus quase como a "sombra" do eu canalizada e direcionada pelo ritual que ensina como este deve se comportar e manifestar.

Esse pode ser considerado um sentido mais profundo do transe na vida dos médiuns e da comunidade que se estabelece em torno destes.

Aos poucos, o fenômeno do transe propicia a internalização desses valores associados aos Orixás, ou aos espíritos que assumem esses arquetípicos.

Esse pode ser considerado um dos mais belos valores e razão de ser do transe mediúnico na Umbanda, construindo sentido para a vida e integrando o indivíduo na sociedade de uma forma gradual e natural.

Assim, os espíritos de Umbanda, por meio do transe, vão auxiliando na vida e no caminhar de cada um de seus adeptos perante as dificuldades que a vida oferece.

Conclusão

Por meio destes estudos, podemos concluir que o transe com um sentido de ser na vida do ser humano é um fato antropológico que se repete há milênios no contexto religioso da humanidade. Podemos observá-lo desde as culturas mais antigas e consideradas arcaicas como a siberiana, como o Xamanismo, ou nas tradições aborígenes e indígenas de diversas regiões do globo. Pela fenomenologia do transe mediúnico e, principalmente, do controle social e sua domesticação, fica evidente que em nada tem a ver com patologia ou quaisquer outras disfunções ou desequilíbrios psicológicos ou psiquiátricos. Longe de desestruturar a vida de seus adeptos e praticantes, o transe mediúnico se insere em um contexto agregador de valores para a vida que em muito ajuda a integrar o médium na sociedade e construir sua identidade em princípios éticos e morais.

Dentro do *continuum* religioso, podemos observar que o transe mediúnico com sentido, além de servir de norte aos "mediúnicos", serve também à comunidade que os cerca por meio das práticas ritualísticas, ou o exercício terapêutico no qual se fundam essas práticas. Oferecer uma leitura mítica para a vida dá a todos que participam dessas religiões mediúnicas um sentido de ser e de interpretar a existência por meio de uma leitura em que tudo tem uma razão de ser e acontecer. Dessa forma, o transe e seu contexto de funcionalidade conforta os sentimentos e ansiedades do homem urbano e contemporâneo, assim como no passado confortava o homem antigo ou primitivo.

Na Umbanda, uma religião brasileira e criada em um contexto de modernidade transitando para essa realidade pós-moderna, o transe mediúnico de incorporação, com sentido de ser, vai assumindo nuances doutrinárias por conta dos arquétipos de Orixás e espíritos manifestantes. Dentro dessa religião, pudemos observar que esses perfis psicológicos evocam valores do inconsciente coletivo, agregando valores de sentido de forma direta e incisiva, para além das possíveis explicações intelectuais da teologia doutrinária.

Referências Bibliográficas

BASTIDE, Roger. *As Religiões Africanas no Brasil*. São Paulo: Edusp, 1960.
___. *Candomblés da Bahia*. São Paulo: Companhia das Letras, 2005.
___. *Estudos Afro-Rasileiros*. São Paulo: Perspectiva, 1973.
___. *O Sagrado Selvagem*. São Paulo: Companhia das Letras, 2006.
BIRMAM, Patrícia. *Umbanda*. São Paulo: Coleção Primeiros Passos, 1985.
CAMARGO, Cândido Procópio Ferreira de. *Kardecismo e Umbanda*. São Paulo: Pioneira, 1961.
CARNEIRO, Edson. *Candomblés da Bahia*. Rio de Janeiro: Ed. Coleção Brasileira de Ouro, s.d.
CROATO, José Severino. *As Linguagens da Experiência Religiosa*. São Paulo: Paulinas, 2004.
CUMINO, Alexandre. *História da Umbanda*. São Paulo: Madras Editora, 2010.
ELIADE, Mircea. *O Xamanismo e as Técnicas Arcaicas do Êxtase*. São Paulo: Ed. Martins Fontes, 2002.
FILHO, Átila Nunes. Revista *Gira da Umbanda*. Ano 1, nº 1, 1972.
JUNG, C.G. *Psicologia e Religião*. Petrópolis: Ed. Vozes, 2007.
___. *Psicologia e Religião Oriental*. Petrópolis: Ed. Vozes, 1991.
___. *O Segredo da Flor de Ouro*. Petrópolis: Ed. Vozes, 2007.
LEWIS, Ioan M. *Êxtase Religioso*. São Paulo: Perspectiva, 1977.
RAMOS, Arthur. *O Negro Brasileiro*. Rio de Janeiro: Graphia, 2001.

SARACENI, Rubens. *Doutrina e Teologia de Umbanda*. São Paulo: Madras Editora, 2003.

____. *Código de Umbanda*. São Paulo: Madras Editora, 2007.

____. *Arquétipos da Umbanda*. São Paulo: Madras Editora, 2007.

VALLE, Edênio. *Psicologia e Experiência Religiosa*. São Paulo: Ed. Loyola, 2008.

VERGER, Pierre. *Orixás*. Bahia: Corrupio, 2003.

____. *Saída de Yaô*. São Paulo: Axis Mundi, 2002.

____. *Nota sobre o Culto de Orixás e Voduns*. São Paulo: Edusp, 2001.

ZILLES, Urbano. *Filosofia da Religião*. São Paulo: Ed. Paulus, 2007.

Apêndice I

Literatura Científica: um Olhar de Fora

A religião e o relacionar-se com Deus ou com o transcendente são fenômenos inerentes e naturais ao ser humano. A forma de explicar sua experiência com essa realidade subjetiva e intangível se caracteriza como Teologia, na qual o religioso fundamenta sua fé. A Teologia é uma das filhas da Filosofia, mantendo com esta uma relação de simbiose e troca de conceitos e experiências.

No entanto, a religião é algo tão complexo que necessita de outras ciências para ser compreendida em suas várias nuances. Dessa forma, as ciências humanas vão se ocupar de entender a experiência religiosa como fenômeno que envolve o ser e a sociedade em que vive. Dos estudos específicos, dessas ciências humanas, voltados à religião, nasceram as Ciências da Religião, que englobam História da Religião, Filosofia da Religião, Sociologia da Religião, Antropologia da Religião, Psicologia da Religião e Fenomenologia da Religião, entre outras.

O precursor da Sociologia, Augusto Comte, fundador do positivismo na França, influenciou boa parte dos cientistas que o sucederam. A Revolução Francesa e o Iluminismo colocariam essa nação na vanguarda do mundo, no que diz respeito aos estudos sobre o ser humano, começando com os "direitos humanos". O mundo moderno seguiria as ideias de Comte, nas quais a religião representa algo a ser superado pela ciência, assim como a antiga magia e mitologia já haviam sido superadas por aquela (religião e teologia). É nesse sentido que cientistas creem ser religião algo atrasado e o fenômeno mágico, algo "primitivo". Atrasado ou primitivo, aos poucos foram se estruturando estudos sérios e científicos sobre a experiência religiosa na sociedade, independentemente das crenças e dos valores teológicos.

As respostas, dadas por místicos e profetas, em todas as culturas, são interpretadas pelos sacerdotes, transmitidas por uma tradição e dogmatizadas pela ortodoxia. Fenômeno que se repete na maioria das culturas, desde as sociedades mais simples e primeiras, nas quais o sagrado se manifestava de forma mais intuitiva e livre da ortodoxia. É justamente essa ortodoxia que formula, escreve e registra sua doutrina e teologia, nas quais estão presentes teoria e filosofia sobre Deus, o ser humano e o mundo que nos cerca, buscando um sentido existencial.

> As tradições religiosas e místicas nos dizem que o homem é composto de *corpo, mente e espírito*. Os estudos antropológicos nos dizem que esse mesmo ser é *aberto, relacional e simbólico*. *Aberto*, pois sente que é incompleto, que lhe falta algo que está além de si mesmo; *relacional*, pois vive em sociedade; e *simbólico*, por ritualizar a vida e criar símbolos para alcançar o inalcançável.

As ciências humanas vão inevitavelmente se debruçar sobre esses aspectos inerentes ao ser humano, e agora que no mundo contemporâneo existe menos arrogância da ciência com relação às antigas tradições filosóficas de tradições religiosas ocidentais e orientais, vemos também uma troca de valores e informações importantes entre ciência e religião.

As Ciências da Religião têm um olhar que parte de fora para observar a religião, enquanto a Teologia olha de dentro. Embora não exista ser humano neutro, o método das Ciências da Religião vai buscar certa neutralidade, diferente da Teologia, que traz conceitos enraizados em sua própria doutrina, ritual e liturgia como forma de dar sentido a estes, apresentando a ideologia fundamental à fé em tal seguimento.

O olhar de fora é importante colaboração, como contraponto ao olhar de dentro, trazendo a oportunidade de colocar lado a lado religiões diversas, abrindo campo para o estudo de religiões comparadas e teologia das religiões.

Para as Ciências da Religião, o fenômeno religioso ou a experiência religiosa em si é o objeto de estudo a ser pesado, analisado, comparado e dissecado em suas partes.

Todos os grandes cientistas da área de humanas se ocuparam com a compreensão do fenômeno religioso. Na história e na obra de cada um deles é possível verificar influências desta ou daquela religião, ou religiosos próximos a eles. Emile Durkheim, o pai da Sociologia e criador do método sociológico, no título *Origens elementares da vida religiosa,* dedica atenção especial à religião e a define como o local em que se encontra o sagrado, no qual o território é delimitado a fim de apartar-se do profano. Karl Marx coloca a religião como o *suspiro dos oprimidos, o ópio do povo,* que deve ser compreendido dentro do contexto, no qual o povo se constitui da massa de proletários vivendo em completa alienação. Em sua perspectiva, a religião é ópio exatamente quando faz parte desse mesmo sistema social de alienação. Max Weber nos explica como a tensão entre religião e o conhecimento intelectual, o racionalismo, criou um *desencanto do mundo*; no momento em que transformaram o mesmo em mero *mecanismo causal.*[49] Também criou o conceito de "tipo ideal", por meio do qual desenvolve estudos, entre outros, sobre o *sacerdote,* o *mago* e o *profeta*. Analisa ainda a sociedade e sua tensão com a religião no título *A ética protestante e o espírito do capitalismo*. Freud, pai da Psicologia e criador da psicanálise, estudou o fenômeno religioso e entendeu que era algo infantil para a humanidade. Atitude diferente teve seu contemporâneo Jung, que deu o devido valor à religiosidade, na qual se fundamentam muitos dos dramas humanos. Desenvolvem ainda sérios estudos sobre inconsciente

---

49. Desde a formulação das leis de Newton, muitos passaram a crer que o Universo pode ser todo ele pesado, medido e calculado, o que vem sendo derrubado com a física quântica, que demonstra que tais leis são totalmente ineficientes.

coletivo, arquétipos, mandalas, alquimia, etc. A filosofia moderna tem em Nietzsche um de seus maiores expoentes; ele também se dedicou a entender a religião e acabou por afirmar que *Deus está morto*. Rudolf Otto identifica algo que é comum em todas as religiões e que determina o sagrado, e, para identificar esse algo presente no sagrado, cunha uma nova palavra: *numinoso*. Ao estudar os aspectos desse *numinoso*, apresenta o *mistério fascinante* (que encanta) e o *mistério tremendo* (que assusta) presentes no sagrado das religiões. Peter Berger dá atenção especial à secularização da sociedade em que os ex-monopólios religiosos não podem contar mais com a submissão da população:

> A tradição religiosa, que antes era imposta pela autoridade, agora tem de ser "colocada no mercado". Ela tem de ser "vendida" para uma clientela que não está mais obrigada a "comprar". O pluralismo é uma situação de mercado. As instituições religiosas tornam-se agências de mercado e as tradições religiosas tornam-se produtos de consumo... a atividade religiosa é dominada pela lógica de mercado.[50]

A experiência religiosa individual e coletiva não pode ser ignorada por quem estuda o ser humano. A antropologia nos mostra que o homem sempre ritualizou a morte e o momento da despedida, caracterizando o *Homo sapiens* como *Homo religiosus*. O ser sempre teve em si duas dimensões, uma objetiva e outra subjetiva; na primeira, ele se define pelo que é palpável e visível; na segunda, busca transcender a si mesmo, formulando para isso conceitos e teorias metafísicas que lhe deem um sentido de estar aqui, nesse mundo sensível.

Antes de a Umbanda aparecer nesse cenário, vamos encontrar cientistas ocupando-se das religiões afro-brasileiras, aproveitando estas como campo de estudo para as ideias de Durkheim, ou seja, o "primitivismo" africano poderia dar pistas da origem do fenômeno religioso no ser humano. Animismo, totemismo, fetichismo e magia seriam as primeiras manifestações de crença do homem, ainda sem formulações metafísicas ou teológicas, nas quais os Cultos de Nação Africanos e o Candomblé Afro-brasileiro ofereceriam oportunidade única de en-

---
50. BERGER, Peter. *O dossel sagrado*. São Paulo: Paulus, 2004, p. 149.

tender a origem dos fenômenos. Com interesse ímpar e preconceito característico do paradigma da época, temos à nossa disposição os estudos de Nina Rodrigues, como precursor no Brasil, seguido por Roger Bastide e Arthur Ramos, entre outros. Com o tempo o paradigma foi mudando; no entanto, esses mesmos estudiosos da cultura religiosa afro-brasileira, em perspectiva positivista, deram os primeiros passos na direção de uma nova religião que surgia, dentro do quadro de sincretismos entre África, Europa e Brasil: a Umbanda.

Os primeiros estudiosos a se dedicarem à Umbanda são do campo da Sociologia e da Antropologia. Estes partiram, a princípio, da cultura negra para a Umbanda.

Pioneiros, como Arthur Ramos, Edison Carneiro e Roger Bastide, já estudavam as expressões religiosas afro-brasileiras e passaram a estudar a Umbanda por meio das semelhanças entre elas. Roger Bastide chegou a entender como uma traição à Umbanda o "embranquecimento" da cultura negra, afinal ele vai caracterizá-la mais como uma "revalorização" da macumba carioca.

Embora esses autores tivessem uma "visão de fora" da religião de Umbanda, traziam uma "visão de dentro" dos próprios estudos sobre os cultos de matriz africana. Roger Bastide muda sua opinião de forma tardia, reconhecendo a Umbanda como religião brasileira. Digo tardia porque suas teses e obras principais já haviam sido publicadas; no entanto, passa a um de seus continuadores, Renato Ortiz, as novas considerações do reconhecimento da Umbanda como religião brasileira, retirando o peso da suposta traição, do "negro que quer ser branco" ou da apropriação, por parte do branco, de uma cultura negra. Nesse ínterim, aparece Cândido Procópio Ferreira de Camargo, que vinha estudando o Espiritismo e fez o mesmo procedimento com outro ponto de vista. Agora ele veria a Umbanda a partir do Kardecismo, englobando ambas as vertentes, como religiões mediúnicas e parte de um único *continuum* mediúnico.

Mais recentemente veremos Maria Vilas Boas Concone reconhecendo a Umbanda como religião brasileira e, a partir dela e de Renato Ortiz, fica clara a identidade nacional da Umbanda, o que se soma às contribuições únicas de Diana Brown, Lísias Nogueira

Negrão, Patrícia Birman e Zélia Seiblitz, principais estudiosos da Umbanda no contexto antropológico e sociológico.

São anos de estudo e aplicação do método científico para chegar a essas conclusões, em que cada um dos cientistas leu e releu, estudou e se aprofundou nas obras de seus antecessores. Além de todo o aporte teórico e da base para cada uma de suas ciências, vamos encontrar pesquisas de campo e estatísticas que revelam fatos interessantes quando observados sob o olhar de fora.

E como tudo começou com o estudo da cultura afro-brasileira, comecemos com o pioneiro neste campo:

Nina Rodrigues

Médico por profissão, antropólogo e etnólogo por especialização, legista, epidemiologista, clínico, professor e escritor. Foi o primeiro estudioso a aplicar o método científico em suas pesquisas sobre a religião afro-brasileira. Produziu farto material de estudo no início do século XX. Sua visão sobre o negro era preconceituosa – positivista e evolucionista –, acreditando que estava pesquisando uma cultura atrasada. Assim, definiu os rituais como "fetiche" e "animismo", produto de uma etnia inferior. No entanto, suas observações são detalhadas e seu método é rigoroso ao registrar cada detalhe dos fenômenos pelos quais ele também se encantou. Nina era criticado pelos colegas que diziam que ele estava maluco e o acusavam de se deitar e comer com os negros em suas roças de Candomblé. Entre seus escritos se destacam, para nós, *O animismo fetichista dos negros na Bahia*, publicado em 1900, e *Os africanos no Brasil*, escrito entre 1890 e 1905, e publicado em 1932. Esse material é ponto de partida para etnólogos, antropólogos, sociólogos e psicólogos que se interessam pelo afro-brasileiro. Vejamos o comentário de Roger Bastide sobre Nina Rodrigues:

> Precisamos insistir na obra de Nina Rodrigues porque é a partir dele que todas as pesquisas se desenvolveram. Ele foi, segundo as expressões de seu discípulo, Arthur Ramos, "um chefe de escola", quer dizer, fixou os dois pontos

de referência do estudo das religiões afro-brasileiras para toda a primeira metade do século XX, o Psicologismo e a Etnografia. Poder-se-á corrigi-lo, recusar seus preconceitos raciais ou seus estereótipos sobre o negro, mas sempre colocar-nos-emos nas mesmas perspectivas que ele, as da Psicologia e da Etnografia.[51]

No tempo de Nina Rodrigues não havia ainda a religião de Umbanda, no entanto, ele registrou a Cabula como um Culto Banto; mais tarde reconhecido como o ritual afro mais próximo e semelhante à Umbanda.

> A nosso ver, *Cabula* é semelhante ao *Espiritismo* e à *Maçonaria*... Como o *Espiritismo*, acredita na direção imediata de um bom espírito chamado Tatá, que se encarna nos indivíduos e assim mais de perto os dirige em suas necessidades temporais e espirituais. Como a *Maçonaria*, obriga seus adeptos que se chamam *camanás* (iniciados) para distinguir dos *caialós* (profanos), a *segredo absoluto*, até sob pena de morte pelo envenenamento; tem suas iniciações, suas palavras sagradas, seus tatos, seus gestos, recursos particulares para se reconhecerem em público os irmãos. [...] Em vez de sessão, a reunião dos cabulistas tem o nome de mesa [...] O Chefe de cada mesa tem o nome de *Embanda* e é secundado nos trabalhos por outro que se chama *Cambône*. A reunião dos *Camanás* forma a *Enjira*. Todos devem obedecer cegamente ao *embanda* sob pena de castigos severos. As reuniões são secretas, ora em uma determinada casa, mais comumente nas florestas, em alta noite. À hora combinada, todos, de camisa e calças brancas, descalços, dirigem-se ao *camucite* (templo).[52]

Depois de Nina Rodrigues, seus seguidores, os primeiros antropólogos e sociólogos, ao estudarem Umbanda, observaram a religião

---
51. BASTIDE, Roger, op. cit., p. 33.
52. RODRIGUES, Nina, *Os africanos no Brasil*. São Paulo: Madras Editora, p. 229-230.

de um ponto de vista africanista, acreditando se tratar de um culto africano ou afro-brasileiro. Assim foi a visão de Arthur Ramos, Edison Carneiro e Roger Bastide.

Arthur Ramos

Foi quem deu continuidade ao trabalho de Nina Rodrigues no campo da Antropologia. No entanto, esse autor já possui uma visão mais neutra e livre do etnocentrismo preconceituoso de seu antecessor. Arthur Ramos também produziu muito material sobre a cultura e religião do negro nas três Américas. Entre suas obras publicadas estão *O negro brasileiro: etnografia religiosa*, 1934; *O folclore negro no Brasil*, 1935; e *As culturas negras no novo mundo*, 1935.

Em sua época já existia a Umbanda e ele a identifica dentro da cultura Bantu, afirmando que "o grão-sacerdote dos angola-congoleses, o *Quimbanda* (Kimbanda), passou ao Brasil com os nomes de Quimbanda e seus derivados *umbanda, embanda e banda* (do mesmo radical *mbanda*)".[53] É também o primeiro a apresentar a etimologia correta da palavra Umbanda. Já identifica um culto sincrético e define Umbanda como "religião afro-indo-católico-espírita-ocultista".[54] Ainda em uma visão africanista, observa, "no Brasil, o *Embanda* perdeu muito do seu prestígio [...] tem apenas função de *chefe de macumba*, secundado por um auxiliar ou acólito, o *cambone* ou *cambondo*. Por influência dos cultos gêge-nagôs, o *Embanda* é também chamado *pai de terreiro*, ou *de santo*, e os iniciados, *filhos e filhas de santo*". Nessa época, os cultos afro-brasileiros no Rio de Janeiro, de maior influência Bantu, chamavam-se *macumba* e assim são identificados pelos sociólogos e antropólogos. Nessa época, nasce a Religião de Umbanda, logo de início associada e identificada, também, como *macumba*.

---

53. RAMOS, Arthur. As *culturas negras no novo mundo*. São Paulo: Companhia Editora Nacional, 1979, p. 229.
54. RAMOS, Arthur. *O negro brasileiro*. 2. ed., 1934, p. 175-176, *apud* Bastide, Roger, *op. cit.*, p. 466.

Edison Carneiro

Publica, entre outras obras, *Candomblés da Bahia*, em 1948, dando continuidade aos estudos de Nina Rodrigues e Arthur Ramos. Em sua obra aparece um curto adendo com o título *Umbanda*,[55] do qual extraímos algumas considerações que nos apresentem a visão do autor:

Ainda ao tempo das reportagens de João do Rio, os cultos de origem africana do Rio de Janeiro chamavam-se coletivamente *candomblés*, como na Bahia... Mais tarde, o termo genérico passou a ser *macumba*, substituído recentemente por *Umbanda*.

> [...] O catolicismo, o espiritismo e o ocultismo tentaram ganhar para si os cultos populares e, em consequência, há inúmeros folhetos, muito lidos, que veiculam as mais diversas explicações para os fenômenos da Umbanda, relacionando-os ora aos aborígines brasileiros, ora à magia do Oriente, ora aos druidas de Kardec.
>
> [...] A pressão exercida sobre a Umbanda por esses novos modos de conceber o mundo não conseguiu, porém, comprometer gravemente um núcleo original de crenças e de práticas que tem preservado sua integridade.
>
> [...] O espiritismo ofereceu, com o copo d'água, em que se refletem os fluidos, uma alternativa que, dada sua simplicidade, pôs em perigo os búzios divinatórios dos nagôs. Leem-se páginas de Allan Kardec nas *tendas*, estabelece-se comunicação com os mortos, os *guias* e os *irmãos do espaço* se dispõem a fazer *caridade*, os *perturbados* são alijados por meio de *passes* e *concentrações*. O contato com o ocultismo, em grande voga ainda por volta de 1930, comunicou à Umbanda os defumadores, os banhos de descarga...

---

55. CARNEIRO, Edison. *Candomblés da Bahia*. Rio de Janeiro: Conquista, 1961, p. 165-170.

Roger Bastide

De origem francesa, é o primeiro sociólogo a se dedicar ao estudo das religiões africanas e ao Candomblé aqui no Brasil. Professor titular da USP, era muito conhecido por sua dedicação às pesquisas em campo. Para entender melhor o culto afro-brasileiro, frequentou os terreiros baianos e foi à África, onde esteve com Pierre Verger, e adentrou no ambiente dos terreiros baianos. Dá continuidade aos trabalhos de Nina Rodrigues, Arthur Ramos e Edison Carneiro, porém com método e visão inovadores. Em seu livro *O Candomblé da Bahia*, 1958, afirma:

> Estudaremos o Candomblé como realidade autônoma, sem referência à história ou ao transplante de culturas de uma para a outra parte do mundo. Não nos preocuparemos também com o enquadramento das descrições em sistemas de conceitos tomados à etnografia tradicional ou antropologia cultural [...] É preciso dissociar completamente religião e cor da pele.[56]

A primeira incursão ao universo afro no Brasil se dá em 1944, quando vai ao Nordeste; o resultado fica registrado em sua obra *Imagens do Nordeste místico em branco e preto*, 1945. No entanto, seu livro que mais nos chama a atenção é *As religiões africanas no Brasil*, 1960, no qual vamos encontrar no capítulo VI, "Nascimento de uma religião", todo um estudo sobre a problemática da Umbanda. Bastide, apesar de toda a sua desenvoltura, independência de valores externos e busca pela neutralidade, vai observar a Umbanda a partir dessa sua visão construída, para melhor entender o Candomblé e o afro-brasileiro em geral. Esse é seu ponto de partida e paradigma; no entanto, já é um avanço a atenção dispensada à Umbanda. Abaixo, destaco algumas de suas considerações, que nos dão uma amostra de suas ideias:

> [...] o preconceito de cor não deixou de se introduzir no espiritismo brasileiro. Já o observamos, quando disse-

---

56. BASTIDE, Roger. *Candomblé da Bahia*. São Paulo: Companhia das Letras, 2001, p. 24.

mos que os médiuns que trabalham com a linha índia (indígena) ou a linha africana se veem tachados de "baixos, espíritas [...] O espiritismo de Allan Kardec aceitará muitos mulatos e muitos negros em seu seio, mas sob a condição de que eles recebam os espíritos dos brancos.
Como diz Lourenço Braga, defendendo a causa do espiritismo de cor:
"Os umbandistas são injustamente combatidos pelos kardecistas [...] Os kardecistas pensam que os umbandistas se enganam ao aceitarem os espíritos dos *caboclos,* dos africanos, etc., como guias e protetores, e alegam que esses espíritos são inferiores ou atrasados, e que, por essa razão, não são capazes de preencher o ofício de guias nos centros ou nas tendas, nem mesmo de protetores dos médiuns." (Lourenço Braga, *Umbanda e Quimbanda,* p. 54-55.)
Agem aqui outros estereótipos, nessa condenação sumária: a ideia do negro bêbado, da negra ladra, da prostituição de cor, do negro ignorante e grosseiro, preguiçoso ou mentiroso [...] É a velha luta racial que passa do mundo terrestre para o mundo sagrado [...] Discutia-se, outrora, se os negros tinham alma.
Entenda-se: o negro vai reagir. O espiritismo de Umbanda é a expressão dessa reação.
Segundo o capitão José Pessoa, a fundação da Umbanda foi decidida e realizada em Niterói (Estado do Rio) há mais de trinta anos, em uma macumba que ele visitava pela primeira vez. Até ali, ele fora um espírito kardecista. O pai de santo investiu-o dos poderes de presidente da tenda de São Jerônimo, que devia funcionar na capital, e lhe disse que importava organizar a Umbanda como religião. (Resposta a uma enquete, do *Radical,* citada por Alfredo Alcântara, *Umbanda em Julgamento,* p. 174.)
Ora, o sucesso dessa nova seita, a primeira no Rio, em seguida em outros Estados do Brasil – Minas, Rio Grande

do Sul, São Paulo, Recife –, prova que ela correspondia à nova mentalidade do negro mais evoluído, em ascensão social, que compreendia que a macumba o rebaixava aos olhares dos brancos, mas que entretanto não queria abandonar completamente a tradição africana. "*Umbanda* é uma valorização da *macumba* através do espiritismo" (Oliveira Magno, *Ritual Prático de Umbanda*, p. 11.). E o ingresso de brancos em seu seio, trazendo com eles restos de leituras mal digeridas, de filósofos, de teósofos, de ocultistas, não podia senão ajudar essa valorização. Pelo menos em certa medida. Até o momento no qual a valorização se transforma em traição, na qual a origem africana de *Umbanda* é esquecida. Pois existe uma valorização negra e uma valorização branca que se cruzam, como veremos, por causa desse duplo contingente de adeptos: o de cor e o de origem europeia. A luta racial prosseguirá ainda, sob uma forma mais sutil, é verdade, e mais disfarçada.

Se é difícil seguir historicamente os primeiros momentos de *Umbanda*, é igualmente difícil descrevê-los. Pois estamos em presença de uma religião a pique de fazer-se; ainda não cristalizada, organizada, multiplicando-se em uma infinidade de subseitas, cada uma com seu ritual e mitologia próprios. Algumas, mais próximas da macumba pelo espaço deixado aos instrumentos de música africana e à dança, outras mais próximas do espiritismo, outras, enfim, tendendo para a magia ou astrologia. É porque, além disso, a fim de remediar essa anarquia de formas e de crenças, que arriscava prejudicar a irradiação da nova Igreja, em 1941 um Congresso se reuniu no Rio, tendo em vista uniformizar o ritual e sistematizar a dogmática. Mesmo assim, a heterogeneidade se mantém bastante grande para tornar impossível apresentar-se a *Umbanda* de maneira clara e precisa.

> [...] Reação do espírito moderno diante de uma situação de fato, de um sincretismo que nasceu do encontro, nas grandes cidades, de religiões diferentes, mas que possuíam a mesma clientela que respondia aproximadamente às mesmas necessidades e cujos adeptos eram dotados de uma mobilidade religiosa desconcertante. O processo de criação de Umbanda é um processo puramente sociológico, não obedecendo senão a causas sociais, não se explicando senão pelo contato das civilizações.[57]

Cândido Procópio Ferreira de Camargo

É o primeiro brasileiro a se dedicar à sociologia da religião. Segue os passos de Roger Bastide, porém assume uma visão diferente, apresentando um estudo sobre *Kardecismo e Umbanda*, no qual seu olhar sobre a Umbanda parte do Kardecismo. Define as duas vertentes como "religiões mediúnicas", o que para a Umbanda é um avanço, além de ser objeto de estudo, ao lado do Kardecismo, também ganha o *status* de religião. Procópio Ferreira defende a tese de um *continuum* mediúnico, que envolve as duas vertentes religiosas.

Atenção especial foi dedicada ao estudo de dupla pertença religiosa e à dificuldade do adepto de assumir, publicamente, o Kardecismo ou a Umbanda como sua religião e, no caso dos umbandistas, muitos se apresentavam como espíritas. Embora esse trabalho tenha sido realizado no fim da década de 1950, muitas de suas conclusões são atuais e importantes para a nossa reflexão. Vejamos algumas passagens desse estudo:

> [...] Os dados do IBGE, somando 824.553 espíritas em 1950, revelam de modo inadequado (devido às declarações incorretas e à duplicidade de religião) o crescente ímpeto de formas religiosas que se organizam em "terreiros", "tendas" e sessões espíritas [...]

---

57. Id., *As religiões africanas no Brasil*, op. cit., p. 439-440; 449.

[...] Em primeiro lugar, como já deve ter notado o leitor, referimo-nos a "religiões mediúnicas", agrupando formas religiosas bem diversas, como a Umbanda e o Kardecismo. Levou-nos a realizar esse "corte da realidade" tanto a percepção de analogias, que explicariam o crescimento simultâneo dessas modalidades de vida religiosa, como a verificação de uma simbiose doutrinária e ritualística que redunda no florescimento de uma consciência de unidade. Constitui-se, assim, conforme nossa hipótese, um *continuum* religioso que abarca desde as formas mais africanistas da Umbanda até o Kardecismo mais ortodoxo.

[...] Em São Paulo, apesar dos protestos de inúmeros kardecistas, a expressão "espírita" cobre todo o *continuum* e mesmo os umbandistas mais ortodoxos sempre se dizem "espíritas", empregando também o termo na denominação de suas instituições. Gozando de melhor prestígio social do que a religião umbandista, a qualificação de "espírita" é quase sempre empregada pelos entrevistados no primeiro contacto; só especificam eles mais tarde a natureza umbandista de seu Espiritismo.

[...] Se o Espiritismo é crença à procura de uma instituição, a Umbanda é aspiração religiosa em busca de uma forma. Realmente, o que se vê em São Paulo são cambiantes variados de organizações religiosas, sem unidade doutrinária e ritualística. Todo "terreiro" tem seu sistema e cada dirigente pensa monopolizar a mais acabada verdade.

[...] Praticamente, não há estudo anterior sobre a Umbanda em São Paulo. O trabalho de Roger Bastide sobre a "Macumba Paulista", realizado nos primeiros anos da década de 1940, devido à pobreza da Umbanda naquela época, deu ênfase aos aspectos de um "curandeirismo", ainda comuns em São Paulo (Infelizmente não pudemos utilizar o recente livro do professor Roger Bastide, *Les religions africaines du Brésil*, que só nos chegou às mãos

quando estava terminada nossa pesquisa. Sua análise da Umbanda, cheia de ideias sugestivas e originais, se funda em hipóteses étnicas, bem diversas das que orientaram nosso trabalho).
[...] Realmente, o crescimento da Umbanda, recente em São Paulo, tem seu desenvolvimento datado de dez anos. [...] muitos etnólogos, inclusive Roger Bastide, querem encontrar na tradição africanista de São Paulo a marca do estilo religioso dos negros Banto. É possível. Não cremos, entretanto, que tenha havido na cidade de São Paulo uma *continuidade* cultural de tradição africana que chegasse até nossos dias, como sucede na Bahia. A Umbanda paulista é importada de outros Estados e seu poder de expansão se encontra na funcionalidade de seu sistema e não na força de inércia de uma tradição cultural. Além do mais, a Umbanda não constitui um fenômeno racialmente africanista em São Paulo.

Diana Brown, doutora em Antropologia pela Universidade de Columbia, Estados Unidos.

Entregou, em 1974, sua tese de doutorado, da qual um capítulo foi traduzido e publicado em 1985 com o título "Uma história da Umbanda no Rio",[58] e é um texto de grande relevância científica e histórica, neste contexto de estudo, do qual extraímos algumas de suas reflexões abaixo:

A fundação da Umbanda
Considero que a fundação da Umbanda ocorreu no Rio de Janeiro em meados da década de 1920, por iniciativa de um grupo de kardecistas de classe média que começou a incorporar tradições afro-brasileiras em suas práticas religiosas. Os primórdios da Umbanda, contudo, implicam muito mais do que a simples ocorrência de

---

58. BROWN, Diana et al., *op. cit.*, p. 9-12.

um sincretismo entre elementos dessas duas tradições. Os sincretismos afro-kardecistas ocorreram com frequência em diversos núcleos urbanos desde o fim do século XIX, e provavelmente também existiam no Rio. A importância da Umbanda reside no fato de que, em um momento histórico particular, membros da classe média voltaram-se para religiões afro-brasileiras como forma de expressar seus próprios interesses de classe, suas ideias sociais e políticas e seus valores. Isso marcou o início da formação da Umbanda, cuja proliferação no período pós-1945 lhe granjeou a publicidade e a legitimidade de que desfruta hoje.

Eu relacionei os primórdios da Umbanda mais especificamente às atividades de uma pessoa em particular, Zélio de Moraes, que no relato da sua doença, de sua posterior cura e da revelação de sua missão especial para fundar uma nova religião chamada Umbanda fornece aquilo que considero como um mito de origem da Umbanda. Não posso estar totalmente certa de que Zélio foi *o* fundador da Umbanda, ou mesmo que a Umbanda tenha tido um único fundador, muito embora o centro de Zélio e aqueles fundados por seus companheiros tenham sido os primeiros que encontrei em todo o Brasil que se identificavam conscientemente como praticantes da Umbanda. A historiografia da Umbanda é extremamente imprecisa sobre esse aspecto, e, fora desse contexto, a história de Zélio não é amplamente conhecida nem tampouco ganhou uma aceitação geral, particularmente entre os líderes mais jovens. Representando ou não em seu relato o momento histórico "real" da fundação da Umbanda, de qualquer maneira ele é extremamente convincente no sentido de dar conta de como a fundação da Umbanda provavelmente ocorreu, combinando a realidade dos primeiros centros efetivos de Umbanda e o pessoal participante.

Assim, o Centro Espírita Nossa Senhora da Piedade, que Zélio fundou e identificou para mim como o primeiro centro de Umbanda, começou a funcionar em meados da década de 1920 em um terreno alugado, nos fundos de uma casa, nos arredores de Niterói. Após uma série de mudanças de local, o centro instalou-se em 1938 em amplo edifício na área central do Rio, onde está até hoje. Zélio permaneceu na direção do centro até seu afastamento em 1967, quando transferiu a liderança para sua filha. No decorrer dos vinte primeiros anos da Umbanda, muitos outros centros foram fundados por iniciados da Casa Mater. Esses centros continuam a florescer e hoje formam o núcleo da maior, melhor conhecida e mais bem dotada rede de centros de Umbanda do Rio.

Zélio e seus companheiros provinham predominantemente dos setores médios. Trabalhavam no comércio, na burocracia governamental, eram oficiais de unidades militares; o grupo incluía também alguns profissionais liberais, jornalistas, professores e advogados, e ainda alguns operários especializados. Todos esses indivíduos eram homens e quase todos eram brancos. Dos 17 homens retratados em uma fotografia oficial dos fundadores e principais líderes da Umbanda, tirada em 1941, meus informantes identificaram 15 como brancos e apenas dois como mulatos. Nenhum era negro.

Muitos integrantes desse grupo de fundadores eram, como Zélio, kardecistas insatisfeitos, que empreenderam visitas a diversos centros de "macumba" localizados nas favelas dos arredores do Rio e de Niterói. Eles passaram a preferir os espíritos e divindades africanos e indígenas presentes na "macumba", considerando-os mais competentes do que os altamente evoluídos espíritos kardecistas na cura e no tratamento de uma gama muito ampla de doenças e outros problemas. Eles achavam os rituais da "macumba" muito mais estimulantes e dramáticos do que os do Kardecismo, que comparados aos primeiros lhes pareciam estáticos e insípidos. Em contrapartida, porém, ficavam extremamente incomodados com certos aspectos da "macumba". Consideravam repugnantes os rituais africanos que envolviam sacrifícios de animais, a presença de espíritos diabólicos (exus), ao lado do próprio ambiente que muitas vezes incluía bebedeiras, comportamento grosseiro e a exploração econômica dos clientes. Não é para se espantar, portanto, que a Umbanda viesse a expressar as preferências e as aversões dos seus fundadores. Elas estão claramente refletidas na literatura que eles produziram, especialmente nas Atas do Primeiro Congresso do Espiritismo de Umbanda (que foram publicadas), evento realizado no Rio em 1941. Dois temas centrais destacavam-se nessas atas: a preocupação com a criação de uma Umbanda desafricanizada, cujas origens foram localizadas nas antigas tradições religiosas do Extremo Oriente e do Oriente Próximo, e cujas conexões com a África foram minimizadas ao máximo –, e o esforço para "branquear" ou "purificar" a Umbanda, dissociando-a da África "primitiva" e "bárbara". Frente a essas preocupações, pode parecer paradoxal que esses fundadores desejassem abraçar de qualquer modo essas tradições afro-brasileiras, mas o que deve ser enfatizado é que eles o faziam de uma forma extremamente seletiva. Por exemplo, dois dos principais elementos retirados das tradições afro-brasileiras constituíram os espíritos centrais da Umbanda, os caboclos e os pretos-velhos. No entanto, os pretos-velhos, celebrados como as presenças africanas mais significativas na Umbanda, são escravos, subjugados e aculturados à vida brasileira, muito embora práticas associadas com africanos não aculturados fossem rejeitadas dessa forma de prática da Umbanda [...]

Refiro-me a essa forma de Umbanda como Umbanda Pura, termo frequentemente empregado por seus praticantes.

Renato Ortiz

Sociólogo, iniciou suas pesquisas sobre Umbanda em 1972, concluindo-as com sua tese de doutorado em 1975, em Paris, com orientação do mestre Roger Bastide. Dessa tese resultou o livro *A morte branca do feiticeiro negro*. O trabalho foi realizado em duas partes, uma de seminários e, outra, em campo, fazendo um período de um ano de pesquisas no Rio e em São Paulo. Ele justifica a escolha desses dois Estados: "o Rio porque é o lugar histórico de nascimento da religião umbandista; São Paulo por ser a região onde o movimento religioso se desenvolve hoje mais intensamente".

Ortiz dedica esse trabalho única e exclusivamente à Umbanda, não parte do afro para a Umbanda nem do Kardecismo para a Umbanda. Em sua obra, a Umbanda vai além de um sincretismo, para se autoafirmar como uma síntese do povo brasileiro. A Umbanda é brasileira e essa é uma conclusão construída com o rigor do método científico, ou seja, seu trabalho é a continuidade e a conclusão de todos que o antecederam, pois assim se constrói o conhecimento científico. Vejamos sentimentos, pensamentos e palavras de Renato Ortiz, que calam fundo na alma de quem busca a neutralidade do trabalho científico, sem perder o amor pelo objeto do estudo:

> O objetivo de nosso trabalho é mostrar como se efetua a integração e a legitimação da religião umbandista no seio da sociedade brasileira.
> [...] Constataremos assim que o nascimento da religião umbandista coincide justamente com a consolidação de uma sociedade urbano-industrial e de classes.
> [...] A sociedade global aparece então como modelo de valores, e modelo da própria estrutura religiosa umbandista.
> [...] Visto que nossa tese coloca o problema da integração da religião umbandista na sociedade brasileira,

pareceu-nos interessante comparar a Umbanda com as práticas do Candomblé [...] Com efeito, pode-se opor Umbanda e Candomblé como se fossem dois polos: um representando o Brasil, o outro a África. A Umbanda corresponde à integração das práticas afro-brasileiras na moderna sociedade brasileira; o Candomblé significaria justamente o contrário, isto é, a conservação da memória coletiva africana no solo brasileiro [...] O que nos parece importante é sublinhar que para o Candomblé a África conota a ideia de terra-Mãe, significando um retorno nostálgico a um passado negro. Sob esse ponto de vista, a Umbanda difere radicalmente dos cultos afro-brasileiros; ela tem consciência de sua brasilidade, ela *se quer* brasileira. A Umbanda aparece dessa forma como uma religião nacional que se opõe às religiões de importação: Protestantismo, Catolicismo e Kardecismo. Não nos encontramos mais na presença de um sincretismo afro-brasileiro, mas diante de **uma síntese brasileira**, de uma religião endógena.

Nesse sentido, divergimos da análise feita por Roger Bastide em seu livro *As Religiões Africanas no Brasil*, na qual ele considera a Umbanda como uma religião negra, resultante da integração do homem de cor na sociedade brasileira. É necessário porém assinalar que o pensamento de Roger Bastide havia consideravelmente evoluído nesses últimos anos. Já em 1972 ele insiste sobre o caráter nacional da Umbanda [...] Entretanto, depois de sua última viagem ao Brasil, seu julgamento torna-se mais claro; opondo Umbanda, Macumba e Candomblé, ele dirá: "o Candomblé e a Macumba são considerados e se consideram como religiões africanas. Já o espiritismo de Umbanda se considera uma religião nacional do Brasil. A grande maioria dos chefes das tendas são mulatos ou brancos de classe média". O caráter de síntese e de brasilidade da Umbanda é dessa forma confirmado e reforçado.

Com esse trabalho de Renato Ortiz, o olhar sociológico sobre a Umbanda fecha um ciclo que começa com sua gestação, passando por seu desenvolvimento e identificação como uma religião brasileira. O fato de Ortiz ter trabalhado em conjunto com Bastide nos passa um valor real de continuidade e capacidade em rever "velhos" paradigmas.

Patrícia Birman

Antropóloga e também dedicada à compreensão da Umbanda, ela nos oferece excelentes considerações no título *O que é Umbanda*, da Coleção Primeiros Passos. Entre outras coisas, é interessante ressaltar suas considerações entre a unidade e a multiplicidade na Umbanda. Embora a autora afirme que *"essa questão da relação entre o Um e o Múltiplo não pertence somente à Umbanda"*, ela dedica uma atenção e uma reflexão sobre o assunto que nos vale: essa citação e o reconhecimento da profundidade de seus estudos e pesquisas, teóricas e de campo, captando um dos grandes dramas, dilemas e polêmica umbandista, sua multiplicidade.

> No plano da organização social, a religião umbandista pode ser considerada um agregado de pequenas unidades que não um conjunto unitário. Não há, como na Igreja Católica, um centro bem estabelecido que hierarquiza e vincula todos os agentes religiosos. Aqui, ao contrário, o que domina é a dispersão. Cada pai de santo é senhor em seu terreiro, não havendo nenhuma autoridade superior por ele reconhecida. Há, portanto, uma multiplicidade de terreiros autônomos, embora estejam unidos na mesma crença, havendo também um esforço permanente por parte dos líderes umbandistas no sentido de promover uma unidade tanto doutrinária quanto na organização. Criam federações, tentam estabelecer formas de relacionamento entre os vários centros decisórios, tentam enfim enfrentar a dificuldade de conviver

simultaneamente com formas de organização dispersas e tentativa de centralização.

A mesma dificuldade se reflete no plano doutrinário. Entre os terreiros são encontradas diferenças sensíveis no modo de se praticar a religião. Tais diferenças, contudo, se dão em um nível que não impede a existência de uma crença comum e de alguns princípios respeitados por todos. **Há, pois, uma certa unidade na diversidade**. (grifo nosso)

A diversidade se expressa nas várias e reconhecidas influências de outros credos na Umbanda. Encontramos adeptos de Umbanda que praticam a religião em combinação com o Candomblé, com o Catolicismo, que se dizem também espíritas, absorvendo os ensinamentos de Kardec e, entre estes, as variações continuam: centros que aceitam determinados princípios do Candomblé e excluem outros, que se vinculam a uma tradição por muitos ignorada, etc. Não há limites na capacidade do umbandista de combinar, modificar, absorver práticas religiosas existentes dentro e fora desse campo fluido denominado "afro-brasileiro".

Fato é que os umbandistas desenvolveram formas próprias de lidar com essas características de sua religião. A segmentação, a dispersão, a multiplicidade se combinam de alguma maneira com a unidade, a doutrina, a hierarquia. Essas combinações estão claramente presentes nas formas como religiosos elaboram a relação dos médiuns com os espíritos, nas formas pelas quais organizam a multiplicidade de santos em um conjunto inteligível e como também conseguem, apesar da segmentação, reunir todos os fiéis em uma mesma doutrina.

São essas formas, em suma, que pretendemos entender aqui. A possessão é o melhor paradigma dessa tensão entre o Um e o Múltiplo que atravessa todas as questões peculiares à Umbanda. Encerra o paradoxo de uma só religião com muitas faces e muitos deuses.

[...] A Umbanda mais praticada, que se dissemina sem nenhum controle, é essa – *misturada,* que não dá importância à pureza, seja esta de cunho moral, com a pretensão de impor códigos doutrinários, seja de caráter ritual.

[...] Encontramos, pois, umbandas misturadas com o Candomblé, o Catolicismo, o Judaísmo, com cultos orientais, Espiritismo, com a Maçonaria, o esoterismo... É claro, no entanto, que algumas influências estão mais presentes do que outras, como é o caso do Candomblé, do Espiritismo e do Catolicismo.[59]

Maria Helena Vilas Boas Concone

Doutora em antropologia, oferece-nos em sua tese *Umbanda: Uma Religião Brasileira*[60] considerações fundamentais para tecer o estudo acadêmico da Umbanda, nessa trama de fios que nos presenteiam esses brilhantes sociólogos e antropólogos. É sempre interessante notar que muitos deles foram bem além da maioria dos adeptos de Umbanda, mesmo na leitura e interpretação dos títulos de dentro do seio religioso, permeada por dezenas de títulos, boa parte deles citados no capítulo da trajetória literária de Umbanda. Vejamos apenas algumas palavras de Concone, as quais situam de forma incisiva e factual a Umbanda enquanto religião brasileira:

[...] Disse no início desta "apresentação" que meu interesse primeiro se acendeu por aquilo que entendia como "religião afro-brasileira". A realização do trabalho fez mudar esse enfoque e passamos a perceber a Umbanda como religião brasileira na qual o conteúdo africano se constitui não apenas de uma matriz, mas em uma dificuldade a ser resolvida à luz das expectativas ascensionais e

---

59. BIRMAN, Patrícia, op. cit., p. 25-27; 90.
60. CONCONE, Maria Helena Vilas Boas. *Umbanda: Uma religião Brasileira.* São Paulo: Ed. Edusp-CER/FFLCH, 1987.

em função das relações estabelecidas no correr da história brasileira entre os grupos (não apenas culturalmente diversos, diversamente inseridos na estrutura nacional) que foram os protagonistas dessa mesma história.
Como este trabalho foi terminado em 72, embora uma série de circunstâncias me levasse a defendê-lo só em 73, algumas ideias desenvolvidas por Bastide em *Sacré Sauvage* e que de algum modo estão presentes no meu trabalho (como a oposição Caboclo/Preto-Velho), não eram, então, de meu conhecimento. Por razões análogas, não pude me beneficiar das discussões levadas a efeito nos interessantes trabalhos de D. Brown e R. Ortiz, sobejamente conhecidos. (p. 18-19)
[...] Tentar caracterizar a Umbanda é um trabalho ingrato, escorregadio e difícil. Na verdade qualquer tentativa de caracterização absoluta está fadada, de antemão, ao insucesso. (p. 65)
[...] Como se viu, procuramos interpretar a Umbanda como religião brasileira por considerar que suas formulações tal como aparecem são o resultado de um particular conjunto de circunstâncias histórico-estruturais. (p. 149)

Lísias Nogueira Negrão

Sociólogo e um dos mais dedicados estudiosos da Umbanda, apresenta-nos o mais completo estudo sobre a religião em São Paulo, fundamental a quem quer entender mais e melhor a história da Umbanda, *Entre a cruz e a encruzilhada*:

> Roger Bastide, apesar de seu ponto de partida de inspiração durkheimiana em que opõe a Macumba – magia individualizada e desagregadora à Umbanda – ideologia coletiva e agregadora, interpreta esta última como sendo o resultado, no plano ideológico, da integração do negro proletarizado à sociedade de classes brasileira de inícios do século [...].[61]

---
61. NEGRÃO, Lísia Nogueira, op. cit., p. 21.

Cremos que Ortiz [...] resvalou para um estruturalismo reducionista do fenômeno estudado. A Umbanda seria, para ele, uma resposta cultural necessária a um tipo peculiar de sociedade, a de classes, urbanizada e industrializada [...].[62]

Por meio dessas análises, chegam a conclusões instigantes. A Umbanda seria um código de percepção e ação pelo qual a visão de mundo subalterna da sociedade se elabora e manifesta [...].[63]

A tensa convivência de princípios diferenciados, mesmo havendo predominâncias, ajuda-nos a compreender a realidade da Umbanda como um campo complexo. A síntese resultante do sincretismo não culmina em um produto final totalmente homogêneo e globalizante, tal como supõe o conceito em sua versão positivista, mas aponta para a manutenção de diferenças e oposições. Essa é a razão de a identidade da Umbanda, formada no bojo do processo sincrético, apresentar-se sob forma múltipla e variável no tempo, conforme veremos na conclusão de nossa análise histórica. Sincretismo é um processo, um contínuo fazer e refazer, não um estado, um produto final [...].[64]

[...] Demétrio Domingues declarou que o crescimento da Umbanda teria sido "desordenado" e sofrera "intromissão" do Candomblé. Em sua interpretação, muitos chefes de terreiro que durante dez ou 15 anos praticaram a "Umbanda honesta", descobriram que [...] fazendo o santo no Candomblé [...] poderiam cobrar o que quisessem, sem ter qualquer problema com as entidades. E assim muitos chefes de terreiro que deixaram de praticar a Umbanda pura caíram nessa contradição que hoje se poderia chamar de Umbandomblé.[65]

---

62. Ibid., p. 30-31.
63. Ibid., p. 33.
64. Ibid., p. 38.
65. Ibid., p. 122.

A matriz negra, ao lado da indígena e da europeia, é condição essencial da especificidade pretendida pela Umbanda, por lhe conferir a condição muito cara aos umbandistas de ser sua religião a única genuinamente brasileira, fruto da fusão dos cultos das três raças que constituiriam a nacionalidade. Tem ela de ser lembrada e afirmada, mesmo quando a nega na prática, na medida em que a cristianiza e kardecisa.

O projeto de institucionalização da Umbanda, elaborado pelos líderes do movimento federativo, foi colorido pela ideologia da miscigenação racial como um dos sustentáculos da brasilidade. Assumiu-se a Umbanda como "sincretismo nacional afro-aborígine", conforme afirmam os estatutos do Souesp [...].

[...] a identidade umbandista faz-se e refaz-se em função das demandas de diferenciação e legitimação, apresentando-se de forma eminentemente dinâmica e compósita.[66]

Para a Umbanda, constitui inestimável colaboração toda essa pesquisa e conclusão para a formação de sua identidade e maturidade, como religião brasileira.

Além dos sociólogos, etnólogos e antropólogos, vamos encontrar profissionais de outras áreas estudando e abordando a Umbanda, cada um em seu campo de atuação. Encontrei colaboração valiosa, na área da Comunicação e Marketing, por meio de dois profissionais da comunicação que se apresentaram no Primeiro Eclesiocom,[67] 2006, onde o tema central foi *Mídia e religião na sociedade do espetáculo*.

---

66. Ibid., p. 170.
67. Conferência Brasileira sobre Comunicação Eclesial (Eclesiocom), evento integrante do Unescom, onde se reuniram pesquisadores, profissionais e estudantes de comunicação social de todo o país e do exterior, convocados pela Cátedra Unesco/Metodista de Comunicação, para discutir e apresentar resultados de pesquisas e ações levadas a efeito não só no cenário nacional, mas também no internacional, sobre a comunicação eclesial.

Eduardo Refkalefsky

Doutor em Comunicação e Cultura, professor da Escola de Comunicação da Universidade Federal do Rio de Janeiro (UFRJ), ao lado da aluna de graduação (ECO/UFRG) Cyntia R. J. Lima, apresentou o tema "Posicionamento e maketing religioso iurdiano: uma liturgia semi-importada da Umbanda", em que faz considerações importantes para este nosso estudo:

[...] a Umbanda representa melhor do que qualquer outra religião, culto ou doutrina os elementos da "Matriz Religiosa Brasileira", termo criado pelo sociólogo José Bittencourt Filho (2003). A Matriz Religiosa é parte da Matriz Cultural Brasileira, fruto do processo de colonização. No processo de formação da nacionalidade brasileira, o que em demografia representa a miscigenação, se traduz no campo religioso como sincretismo. Do ponto de vista conceitual, a Matriz compreende:

[...] formas, condutas religiosas, estilos de espiritualidade, e condutas religiosas uniformes evidenciam a presença influente de um substrato religioso-cultural que denominamos Matriz Religiosa Brasileira. Essa expressão deve ser apreendida em seu sentido lato, isto é, como algo que busca traduzir uma complexa interação de ideias e símbolos religiosos que se amalgamaram em um decurso multissecular, portanto, não se trata *stricto sensu* de uma categoria de definição, mas de um objeto de estudo. Esse processo multissecular teve, como desdobramento principal, a gestão de uma mentalidade religiosa média dos brasileiros, uma representação coletiva que ultrapassa mesmo a situação de classe em que se encontrem. (...) essa mentalidade expandiu sua base social por meio de injunções incontroláveis (...) para em um determinado momento histórico ser incorporada definitivamente ao inconsciente coletivo nacional, uma vez que já se incorporara, através de séculos, à prática religiosa [BITENCOURT, 2003, p. 42s].

As características principais da Matriz Religiosa Brasileira e da Umbanda, em especial, são: a) o contato direto com o sagrado (através das incorporações de "espíritos"); b) o uso intensivo de elementos sincréticos, provenientes de várias origens religiosas; c) o caráter de magia prática para solução de problemas cotidianos; d) a relação de trocas ("eu te ajudo para que você me ajude") com essas entidades e o Sagrado, de modo geral; e) a prática de uma religiosidade individual, à margem das instituições eclesiásticas; e f) uma moral "franciscana" (LIMA FILHO, 2005), que privilegia atitudes e comportamentos "simples", "líricos", quase animistas em relação à natureza, avessos à cultura letrada, ao intelectualismo, mercantilismo (a modernidade de Weber) e defensores dos "fracos e oprimidos".[68]

Aqui fecho essa parte de colaborações científicas para o entendimento da religião de Umbanda. Ela é bem interessante, pois fica clara a evolução do estudo e a compreensão da Umbanda no correr dos anos. Os primeiros estudiosos não sabiam por onde começar a estudá-la, por vezes tomaram conclusões mais apressadas, como a de Roger Bastide, que, de volta à França, reformulou suas convicções, passando a crer na brasilidade da Umbanda. Na obra de Nina Rodrigues observamos a ausência da Umbanda, pois não a encontrou em lugar algum em torno do ano de 1900. Acompanhar as conclusões mais recentes sobre Umbanda é algo muito agradável, pois cada vez mais surgem estudiosos realmente interessados na compreensão desse fenômeno religioso.

A Umbanda, mais do que nunca, vem fascinando as pessoas. Mesmo com um público de adeptos reduzido, cada vez mais recebemos

---

68. REFKALEFSKY, Eduardo; Lima, Cyntia R. J. Posicionamento e marketing religioso lurdiano: uma liturgia semi-importada da Umbanda. In: Melo, José Marques de; Gobi, Maria Cristina; Endo, Ana Claudia Braun (Orgs.). *Mídia e religião na sociedade do espetáculo*. São Bernardo do Campo, SP: Universidade Metodista, 2007, p. 52-53.

pessoas que vêm por si mesmas e passam a frequentar a religião, sem passar por um ritual de conversão. Já existe um público flutuante muito grande em torno dos terreiros e tudo indica que esse mesmo público vem aumentando dia a dia; e se os umbandistas se prepararem para bem receber esses adeptos em potencial, a religião poderá entrar em um processo de expansão crescente de forma exponencial, ainda assim despercebido por causa da postura desse religioso, que busca uma vida simples e normal, sem comportamento segregador e de muito pouco fanatismo. Portanto, o umbandista é um religioso discreto que passa despercebido, salvo exceções de umbandistas mais engajados.

Fica, portanto, a colaboração desses nobres senhores e senhoras, mestres e doutores, que muito nos ajudam na compreensão da Umbanda, guardando a devida consideração do local e da época em que cada um se debruçou em pesquisas teóricas e de campo sobre a religião. Fica aqui um agradecimento e reconhecimento da importância de vossa colaboração ao entendimento de nossa religião.

Crítica de Fora

A Umbanda é como um grande edifício sem controle de condomínio, em que cada inquilino vive a seu modo e faz o seu entulho! Em consequência, o edifício mostra em sua fachada a desorganização que ainda lhe vai por dentro! As mais excêntricas cores decoram as janelas ao gosto pessoal de cada morador; ali existem roupas a secar, enfeites exóticos, folhagens agressivas, bandeiras, cortinas, lixo, caixotes, flores, vasos, gatos, cães, papagaios e gaiolas de pássaros em uma desordem ostensiva. Debruçam-se nas janelas criaturas de toda cor, raça, índole, cultura, moral, condição social e situação econômica, enquanto ainda chega gente nova trazendo novo acervo de costumes, gostos, temperamentos e preocupações, que, em pouco tempo, tentam impor aos demais.
Malgrado a barafunda existente, nem por isso é aconselhável dinamitar o edifício ou embargá-lo, impedindo-o de servir a tanta gente em busca de um abrigo e um consolo para viver sua experiência humana. Evidentemente, é bem mais lógico e sensato firmar as diretrizes que possam organizar a vivência proveitosa de todos os moradores em comum, por meio de leis e regulamentos formulados pela direção central do edifício, e destinados a manter a disciplina, o bom gosto e a harmonia desejáveis!

Ramatis[69]

---

69. MAES, Hercílio; Ramatis, *op. cit.*, p. 130-132.

Para abrir esse tema da "Crítica de Fora", escolhemos o texto de Ramatis[70] que se encontra na obra *Missão do Espiritismo*, escrito em 1967, no qual o autor faz uma série de considerações sobre religiões, doutrinas e filosofias em face do Espiritismo. Ramatis é um espírito que se manifestava por meio da mediunidade de Hercílio Maes, médium que produziu extensa obra psicografada. Ramatis não é totalmente "de fora" do contexto nem de interpretação neutra, uma vez que afirma: "O Espiritismo é a doutrina mais própria para o aprimoramento espiritual do cidadão moderno. Seus ensinamentos são compreensíveis a todos os homens e ajustam-se perfeitamente às tendências especulativas e ao progresso científico dos tempos atuais. É o consolador da humanidade prometido por Jesus..." (p. 19).

Esse posicionamento caracteriza sua obra como apologia ao Espiritismo, que é natural, em se tratando de obra espírita. No entanto, pode oferecer certa distorção acerca da Umbanda, o que não invalida algumas de suas críticas muito bem colocadas e até esclarecedoras. De qualquer forma, o estilo de Ramatis e sua liberdade em abordar a Umbanda ou simplesmente de tê-la lembrado no contexto atraiu a simpatia dos umbandistas.

Ramatis costumava definir Umbanda como mediunismo e a entendia como seita religiosa de origem africana; em suas críticas, mostrava conhecer os questionamentos internos e literários de Umbanda:

> É provável que alguns entendidos do hermetismo egípcio e da escolástica hindus pretendam provar que a atual doutrina umbandística provenha diretamente do sentido original e iniciático de Umbanda, como a "Lei Maior Divina" subentendida nas velhas iniciações. Mas a verdade é que entre os africanos, a sonância de tal palavra nada tinha de iniciática ou significação de legislação cósmica; porém, abrangia a vulgaridade das práticas mediúnicas fetichistas, no intercâmbio ritualístico com espíritos

---

[70]. Os títulos de Ramatis tiveram uma nova edição pela Editora Conhecimento (www.edconhecimento.com.br). Atualmente, o médium psicógrafo Norberto Peixoto tem psicografado novos títulos, voltados à Umbanda, sob a orientação de Ramatis.

> primários e elementais da natureza, assim como toda sorte de sortilégios, crendices e cultos aos mortos!
> [...] Apesar do louvável empenho dos umbandistas em atribuírem a origem de sua seita a fontes iniciáticas do Egito, da Caldeia ou da Índia, o certo é que a doutrina de Umbanda, atualmente praticada no Brasil, deriva fundamentalmente do culto religioso da raça negra da velha África.
> [...] O vínculo do negro persiste implacável, apesar da penetração do branco e das tentativas dos ocidentais considerarem a Umbanda uma seita exclusivamente originária de antigas confrarias do Oriente. (p. 136)

Provavelmente a simpatia dos umbandistas a Ramatis se deve ao reconhecimento dos próprios adeptos da religião em algumas de suas faltas. A crítica de Ramatis é direta e franca, fechando sempre com uma conclusão em que elogia e defende, de certa forma, o propósito existencial da Umbanda, o que dava argumento positivo à causa umbandista, como vemos abaixo:

> Indubitavelmente, a Umbanda, como seita, ainda não passa de uma aspiração religiosa algo entontecida, mas buscando sinceramente uma forma de elevada representação no mundo. Não apresenta uma unidade doutrinária e ritualística conveniente, porque todo "terreiro" adota um modo particular de operar... (p. 130)
> [...] Apesar dessa aparência doutrinária heterogênea, existe uma estrutura básica e fundamental que sustenta a integridade da Umbanda, assim como um edifício sob a mais flagrante anarquia de seus moradores mantém-se indestrutível pela garantia do arcabouço de aço!

Da mesma forma, o edifício da Umbanda, na Terra, continua indeformável em suas "linhas mestras". (p. 131)

Para desenvolver o tema da crítica de fora, vamos voltar ao nosso diálogo com os cientistas já apresentados. Como senhores das ciências humanas, entendemos a importância do método científico que foi aplicado em seu estudo ao analisar a Umbanda e o quanto é importante ter acesso à opinião isenta de apologia deste ou daquele seguimento, tão comum a quem está dentro da religião.

Ninguém pode falar melhor da Umbanda que os umbandistas; no entanto, é muito difícil a qualquer um enxergar os próprios erros, mesmo porque olhamos a Umbanda com paixão, que, também, distorce a visão.

Embora o ideal seja a visão neutra e abstraída de paixão, sabemos que tal atitude é praticamente impossível no ser humano. Vamos assim observar as críticas lembrando o contexto e o ponto de partida de cada um de nossos "convidados".

Entre os críticos escolhidos estão os sociólogos Roger Bastide, Cândido Procópio Ferreira de Camargo, Renato Ortiz e a antropóloga Maria Helena Vilas Boas Concone.

Cândido Procópio Ferreira de Camargo, observando a literatura umbandista em sua época, no fim da década de 1950, fez a consideração abaixo:

> Há, entretanto, um campo de elaboração doutrinária, ainda não mencionado por nós, e que merece estudo à parte. Referimo-nos à crescente literatura umbandista que surge no Brasil.
> Calcula-se que mais de 400 volumes sobre Umbanda foram publicados no Brasil. Essa literatura é encontrada nas bancas de jornais e nos vendedores de livros velhos nas ruas, nos locais de maior movimento popular. Foi-nos impossível ter uma ideia precisa da quantidade de volumes vendidos nas edições que se sucedem. Salvo uma exceção, são em geral publicados por pequenas editoras. A Editora Esotérica também os edita. De qualquer modo, aparentemente, ninguém se mostra muito orgulhoso de suas edições umbandistas e as explicam em termos de necessidade econômica. Daí a dificuldade em se conhecer o número de livros editados e exemplares vendidos.

> Todo "terreiro" tem sua pequena biblioteca, ao menos formalmente, os fiéis "participantes" são convidados a ler e aprender na literatura umbandista. Entretanto, o dirigente trata a literatura com certo descaso, criticando suas imperfeições e mistificações e atribuindo-lhe qualidades de informação secundárias e subordinadas, em comparação com seu próprio aprendizado e "iniciação". Sua autoridade não deve sofrer desprestígio, em confronto com a palavra escrita.[71]

Camargo consegue alcançar a dimensão do que foi vivido dentro dos terreiros de Umbanda com relação à literatura. Em razão dos desencontros doutrinários e da distância entre o que se prega e o que se pratica, houve durante muito tempo grande resistência à literatura entre os umbandistas. Mais adiante veremos, na palavra de Renato Ortiz, o estilo de discurso do "intelectual umbandista", que servia apenas para afastar mais ainda a teoria da prática. Essa realidade criou um estigma muito inconveniente na religião, por ser de maioria simples, não dada a elucubrações filosóficas, a maior parte dos dirigentes umbandistas, da "velha guarda", proibia seus médiuns de fazer qualquer tipo de leitura, acreditando que a literatura mais atrapalhava que ajudava, o que lhes valia o rótulo de "ignorantes".

Antes de generalizarmos a falta de leitura e sua não recomendação como "atraso cultural", precisamos lembrar que alguns autores eram críticos ácidos a tudo e a todos que não fossem eles mesmos e sua nova "doutrina milenar" da verdadeira religião, existente desde tempos imemoriais, enquanto outros simplesmente escreviam sem o menor conhecimento de causa sobre a própria religião e os fenômenos de Umbanda.

Era muito difícil separar o joio do trigo e, como o papel aceita tudo, surgiram teorias absurdas sobre Umbanda. Dessa forma, justifica-se o comportamento de alguns dirigentes de núcleos umbandistas, cansados de responder ou de não saber responder a perguntas "sem pé nem cabeça" de novos adeptos, que tinham feito essa ou aquela

---
71. CAMARGO, Cândido Procópio Ferreira de, op. cit., p. 41-42.

leitura. Por outro lado, também houve dirigentes (não entendo que possam ser considerados sacerdotes) totalmente despreparados, acomodados e mal informados, quando não, mal-intencionados, à frente de grupos, ora com propostas louváveis, ora com propostas escusas, que não podem ser chamadas de Umbanda.

São muito variados e distintos os casos e a forma de relacionar-se com a literatura de Umbanda. Fica aqui registrado, nas palavras de Procópio Ferreira, o que foi comum nos terreiros, o descrédito das literaturas de Umbanda por parte dos dirigentes e sacerdotes da religião, pelos mais variados motivos.

Vamos acompanhar as demais considerações e críticas para, quem sabe, entendermos melhor o comportamento do umbandista e alguns de seus prováveis pontos falhos a serem corrigidos, se já não o foram, em razão da época a que nos remete cada autor.

Maria Helena Vilas Boas Concone, em *Umbanda: uma religião brasileira*, 1973, dedica um capítulo para abordar "A Umbanda segundo os umbandistas", do qual cito a Introdução ("Uma análise da ideologia"):

> Na maioria dos casos, a linguagem escrita dos umbandistas é extremamente pedante, existindo um abuso das ordens inversas (por exemplo: "[...] pelos negros, os nossos tão infelizes escravos"); repetições desnecessárias ("rezar, orar, deprecar, pedir, rogar, fazer uma Prece"); uso de pequenas expressões latinas como *pari passu*, no mais das vezes deslocadas. Isso sem falar no uso de expressões complicadas que podem ser consideradas "fora de moda", e de transposição de conceitos de uso corrente mas de significado específico, para contextos totalmente diferentes. (p. 133)
>
> [...] Na verdade, alguns umbandistas colocam a Umbanda como a forma mais abrangente de espiritismo e reivindicam para si a colocação que os kardecistas fazem de sua própria crença, isto é, como um conjunto de Religião, Ciência e Filosofia...

As afirmações de Concone vão direto à literatura de Umbanda, o que confirma os comentários feitos sobre Procópio Ferreira. Fica ressaltada a dificuldade do umbandista em relacionar-se com a literatura.

O autor umbandista em geral é alguém tentando "fugir" do preconceito para mostrar a Umbanda como religião e, quando não, como a melhor religião. Em algumas obras encontraremos ainda uma pseudoerudição e verborragia desnecessária.

Roger Bastide, além de tecer algumas críticas, coloca-as no processo de entendimento da psicologia e organização da Umbanda pelo umbandista, construindo com isso um material precioso, sob seu olhar atento e responsável. Roger Bastide não se permite superficialismo; em todo o seu texto fica clara a profundidade com que entra na literatura e prática de Umbanda:

> [...] Primeiramente, o que representa a *Umbanda* para os seus adeptos? Que realidade mística se designa pela palavra de misteriosas ressonâncias? A etimologia do termo é clara. *Umbanda* deriva do Banto, *Quimbanda* (raiz: *ymbanda*), que em Angola designa o chefe supremo do culto. (Segundo Arthur Ramos em *Antropologia Brasileira*, 1934, I, p. 471.)
> Poder-se-ia então pensar que o homem de cor aceitaria facilmente fazer remontar à África a religião de *Umbanda*. Tanto mais que a seita deixa transparecer a nostalgia do Continente Perdido. Mas essa nostalgia se choca com a ignorância linguística, diz Leal de Souza: "Não sei o que *Umbanda* significa. O Caboclo das Sete Encruzilhadas chama Umbanda aos serviços de caridade e ao *Pedido* de trabalhos para neutralizar, ou desfazer, os trabalhos de magia negra". (Resposta à reportagem do *Radica*, citado por A. D'Alcântara, *op. cit.*, p. 161)
> Sobre essa ignorância linguística, a fantasia reinvidicadora do mulato e, mais tarde, do branco adepto de *Umbanda*, vai poder bordar as mais curiosas variações.

Trata-se, para responder às críticas dos kardecistas, de provar a origem iniciática da religião, de ligá-la às mais antigas e mais altas civilizações. Ou então pensar-se-á, sobretudo, nos velhos negros e se fará da *Umbanda* a mantenedora da religião lemuriana, que foi anterior à da Índia: "Não se deve esquecer que a magia africana é a herança deixada para a raça negra pela antiga civilização lemuriana, a mais alta que já existiu". (W. L. BENTO, *A Magia no Brasil*, p. 11)
É verdade que existe uma transição entre essa Lemúria original e *Umbanda*...
[...] A Lemúria não toca somente o Egito: toca também a Índia. Umbanda então se torna uma doutrina esotérica hindu.
Assim, pois, a Umbanda não é um conjunto de fetiches, de seitas ou de crenças originárias de povos incultos... Umbanda é, e foi provado, uma das maiores correntes do pensamento humano existente na terra há mais de cem séculos, cuja raiz se perde nas insondáveis profundezas das mais antigas filosofias.
AUM-BANDHÃ (OM-BANDÁ)
AUS (OM)
BANDHÁ (BANDA)
OMBANDA (UMBANDA)
O termo Umbanda é de origem sânscrita, a mais antiga e a mais bela de todas as línguas, a língua-fonte, por assim dizer, de todas as que existem no mundo. Sua etimologia deriva de Aum-Bandhã, isto é, o limite no ilimitado... (relatório apresentado por M. D. Coelho Fernandes, no *Primeiro Congresso de Espiritismo de Umbanda*, p. 21-3)

Renato Ortiz, assim como Roger Bastide e Procópio Ferreira, faz uma crítica à "origem mítica":

Um elemento constante da literatura umbandista são as soluções forjadas pelos teóricos, em resposta ao problema da origem da religião. A insistência com que a *intelligentsia* religiosa enfoca a questão da antiguidade da Umbanda mostra como a procura dos fundamentos sagrados é importante para a legitimação da religião. O tema das origens aparece incessantemente a partir dos primeiros escritos de 1941, e até hoje domina o palco literário do discurso umbandista. Pode-se distinguir duas correntes principais em relação ao problema da antiguidade da Umbanda: uma que concebe as origens, situada nas Índias; outra na África. A primeira corrente segue os passos do Primeiro Congresso Umbandista, enquanto a outra é de desenvolvimento mais tardio, e tenta reabilitar uma parte da África definitivamente perdida...

[...] Essa teoria, que se encontra muitas vezes modificada nas obras umbandistas, esconde, como mostra Roger Bastide, uma vontade de embranquecimento.[72] Constrói-se dessa forma um discurso imaginário, carente de qualquer objetividade histórica. A herança africana é assim rejeitada pela ideologia branca; a religião vai então se situar nas brumas de um passado mais "digno", as fontes sagradas originando-se na sabedoria hindu ou persa, como querem outros autores. (Ver Teixeira Neto, *Umbanda de Pretos-Velhos*, Rio de Janeiro: Ed. Eco, 1965.)

A segunda corrente vincula-se sobretudo a [...] Tancredo da Silva Pinto, e considera africana a origem da palavra Umbanda [...] Apesar da veracidade da informação, as fontes sagradas da origem aparecem descritas através de uma linguagem mitológica onde a antiguidade do homem se confunde com a antiguidade da religião [...] Não é surpreendente que tal conotação se encontre justamente no pensamento de um descendente de escravos africanos.

[...] Apesar das diferenças entre essas duas teorias da gênese religiosa, um ponto permanece em comum: a preocupação pelas origens. Por que essa inquietação,

---

72. BASTIDE, Roger. *As religiões africanas no Brasil*, op. cit.

essa insistência, senão a vontade de fundamentar as origens da religião?

[...] O discurso aparece assim como fonte legitimadora, mito de fundação da gênese umbandista; pouco importa a veracidade das provas históricas, elas não são relevantes. O problema é montar logicamente, em um jogo de linguagem, um texto coerente que possa justificar a objetivação de uma instituição existente. Graças à teoria da evolução.

[...] Toda essa ginástica intelectual tem por finalidade reencontrar nos traços da evolução humana uma certidão de nascimento.

Não pretendo fazer considerações ou devaneios sobre essas críticas, apenas espero que possa se aprender com elas também. Só alguém medíocre não avalia, buscando certa neutralidade, as críticas que vêm de encontro a si ou à sua obra. Esses mesmos senhores que expressam sua crítica também demonstraram amor e dedicação aos seus estudos voltados para uma melhor compreensão da Umbanda. A colaboração deles é imprescindível a quem queira compreender a Umbanda sob pontos de vista diversos, pois apenas o olhar diverso sobre a unidade e a diversidade pode nos dar um panorama do todo. Não devemos, no entanto, confundir esse olhar diverso com um olhar único que procura entender a diversidade. Olhar diverso aqui é literalmente um conjunto de olhares, o que faz muita diferença. Um olhar diverso não é feito do meu olhar procurando entender o ponto de vista do outro, mas sim, literalmente, a presença do olhar do outro somando com meu olhar. Para uma compreensão do outro, é preciso mais que se colocar no lugar do outro, pois geralmente nos colocamos no lugar do outro com a nossa lógica de pensar a realidade e, dessa forma, eu sou outro no lugar do outro; portanto, nunca chego a compreender o fundamental: "a lógica do outro", como o outro busca dar sentido à sua realidade. Quando me coloco no lugar do outro com minha lógica, não alcanço o ponto de vista do outro, simplesmente construo um terceiro ponto de vista, meu novo ponto de vista no lugar do outro. Para compreender o outro é preciso alteridade, entendendo que o outro é outro universo, assim como eu mesmo também sou outro para o outro.

Ficam aqui essas críticas apenas como colaboração de um olhar "mais neutro" que nos ajude em nossas autorreflexões.

Haveria ainda muitas outras críticas, mas não é exatamente esse o foco deste trabalho. Quem sabe em outros estudos nos debrucemos mais acuradamente sobre essas análises.

Apêndice II

Maria na Umbanda: Entre Santos e Orixás

Por Alexândre Cumino[73]

Introdução

Maria, mãe de Jesus, vai muito além do Catolicismo e do Cristianismo. Vemos sua presença em grandes religiões como o Islã, onde ela assume o papel de mãe do profeta Jesus, no entanto é possível encontrar Maria nos cultos ou religiões sincréticas das Américas. O colonizador europeu trouxe o africano como escravo e ambos se instalaram nesta terra do índio. Logo as culturas do branco, do negro e do vermelho se encontraram de forma particularizada em diferentes regiões deste continente. E assim chegou Maria ao Brasil, onde foi acolhida também pela religiosidade popular, associada e comparada com divindades e entidades do mundo mítico afro-indígena. Nesse contexto está, também, a Umbanda, nascida da miscigenação tão brasileira, em seu jeito de ser, fruto de mitos, ritos e símbolos os mais variados.

---

73. Alexândre Cumino é presidente do Colégio de Umbanda Sagrada Pena Branca, Sacerdote de Umbanda, ministrante dos cursos livres de "Teologia de Umbanda Sagrada" e "Sacerdócio de Umbanda Sagrada" e graduado em Ciências da Religião na Faculdade Claretiano.

Objetivo

O objetivo deste estudo é ressaltar alguns pontos da presença de Maria na Umbanda. Verificamos um sincretismo dinâmico. "Maria Virgem" se identifica com Oxum e "Maria Mãe" se identifica com Yemanjá, em que a relação santo/orixá varia segundo diferentes pontos de vista. Para além de um altar essencialmente católico, podemos observar Maria em outros aspectos da liturgia, como a Festa de Yemanjá e a identificação dos templos com nomes de santos. Hoje a Umbanda passa por uma mudança de paradigma, no que diz respeito a sua literatura, escrita de "umbandista para umbandista"; surge uma literatura psicografada de umbanda e novas abordagens sobre a relação de Maria na Umbanda. Sendo uma religião muito aberta e inclusiva, acolhe diferentes e novas formas de entender a presença de Maria. Vamos aqui apenas esboçar alguns aspectos, conscientes da complexidade da Umbanda e dos diferentes ângulos que as Ciências da Religião nos oferecem para aprofundar a questão.

Maria na história da Umbanda

O primeiro templo de Umbanda de que se tem notícia traz o nome de "Tenda Espírita Nossa Senhora da Piedade". Quem nos conta a história de sua fundação é o Sacerdote de Umbanda Ronaldo Linares, presidente da Federação Umbandista do Grande ABC (FUGABC), criador do primeiro curso de formação de sacerdotes de Umbanda.

Dia 15 de novembro de 1908, Zélio Fernandino de Moraes, um jovem rapaz de 17 anos, incorporou o espírito de Frei Gabriel de Malagrida, queimado na Inquisição.

O espírito do Frei revelou que, em uma vida posterior, nasceu como índio no Brasil, preferindo ser identificado, agora, como "Caboclo das Sete Encruzilhadas" e que vinha para trazer a Religião de Umbanda. Sua "igreja" se chamaria Nossa Senhora da Piedade, pois, assim como Maria acolheu a Jesus, a Umbanda acolheria os filhos seus. Zélio vinha de uma família de origem católica e no seio desse lar tiveram início as sessões mediúnicas de Umbanda, onde já havia um

pequeno altar católico. Com o tempo, o espírito de um "Preto-Velho", escravo de origem africana, "Pai Antônio", traria o conhecimento dos orixás africanos associados aos santos católicos. Nascia o sincretismo de Umbanda, Maria já estava presente e enraizada nos valores religiosos e espirituais dessa família. No decorrer dos tempos surgiriam milhares e milhares de Templos de Umbanda, identificados como "tendas", "centros", "casas" ou "terreiros" de Umbanda, nos quais, a exemplo da primeira "Tenda de Umbanda", estariam presentes as "Marias", identificando estes templos como: "Tenda Nossa Senhora da Conceição", "Tenda Nossa Senhora da Guia", "Nossa Senhora de Sant'Ana", "Nossa Senhora dos Navegantes" e outras como "Estrela D'alva", "Tenda Nossa Senhora Aparecida", "Casa de Maria", etc.
É o próprio espírito Gabriel de Malagrida, nessa mesma ocasião (LINARES, 2007, p. 22), quem esclarece: "Acusado de bruxaria, fui sacrificado na fogueira da Inquisição por haver previsto o terremoto que destruiu Lisboa, em 1775". No dia posterior, na residência do jovem Zélio de Moraes, Gabriel de Malagrida, agora identificado como Caboclo das Sete Encruzilhadas, também teria previsto as duas guerras mundiais, as bombas atômicas de Hiroshima e Nagasaki e a grande degeneração da moral.

O próprio Zélio de Moraes fundou sete "Tendas de Umbanda" com nomes de santos católicos (LINARES, 2007, p. 77).

Maria no altar de Umbanda
Oxum representa o amor, a pureza, a beleza, a inocência e a concepção, enquanto Yemanjá representa a mãe universal, mãe dos orixás, aquela que mantém e gera a vida. Ambas se manifestam na água, Oxum nas cachoeiras e Yemanjá no mar.

O sincretismo de Maria com os Orixás se faz notar principalmente no altar de Umbanda, que é um altar composto por imagens católicas. Encontraremos a imagem de Nossa Senhora da Conceição ou de Nossa Senhora Aparecida, fazendo sincretismo com Oxum. Yemanjá é o único orixá que tem uma imagem própria, umbandista, não católica, assim mesmo encontramos sincretismo com Nossa Senhora dos Navegantes ou Nossa Senhora das Graças.

Um olhar sociológico
Cândido Procópio Ferreira de Camargo, no fim da década de 1950, dedicou parte de seu tempo ao estudo das "religiões mediúnicas" e registrou no livro *Kardecismo e Umbanda* uma interpretação sociológica, o resultado de sua pesquisa de campo, onde descreve um Terreiro de Umbanda:
"No 'terreiro' propriamente dito, barracão com cerca de 50 m², há um altar, semelhante aos católicos. O 'Orixá' guia do 'terreiro' assume lugar de destaque, sob a figura do santo católico correspondente. São Jorge, Nossa Senhora, São Cosme e São Damião são os santos mais comuns que integram o altar, além do Cristo abençoando, de braços abertos".
Procópio Ferreira dedica especial atenção ao sentimento de pertença daquele que busca as "religiões mediúnicas", observando que boa parte dos frequentadores considera-se católica. Embora já tenha decorrido meio século e a Umbanda venha mudando de perfil, na busca de identidade, ainda nos dias de hoje observamos esse fato em menor grau. Para evitar preconceito da sociedade ou desinformação, alguns dos adeptos da Umbanda identificam-se de pertença espírita, não fazendo distinção entre sua prática e a criada por Allan Kardec.
Ao adentrar um terreiro de Umbanda pela primeira vez, muitos o fazem com certo receio do desconhecido, mas se deparando com um altar católico sentem-se confortados e tranquilos. Jesus de braços abertos e Maria a seu lado, junto com todos os outros santos, continuariam a guiar sua fé, agora ao lado da tão popular Yemanjá.
O sincretismo, nesse caso, serve de amparo para que o desconhecido se apresente através de elementos já conhecidos. O católico se sente à vontade para justificar sua pertença, assim como fica clara a importância do altar para a recepção e a conversão do novo adepto.

Festa de Yemanjá

Na década de 1950 foi criada uma imagem brasileira para Yemanjá, de pele branca, cabelos negros, vestida de azul, pairando sobre o mar, seu vestido se funde às ondas e derrama pérolas pelas mãos. Essa é uma imagem umbandista e, embora todos aceitem Maria como Yemanjá e Oxum, quase não se usa uma imagem católica para Yemanjá, pois ela tem o privilégio de ter imagem própria. Na Umbanda paulista, desde 1969, realiza-se anualmente a Festa de Yemanjá, na Praia Grande, onde está a tradicional imagem de Yemanjá, em Cidade Ocian.

Recentemente, o município de Mongaguá recebeu uma grande imagem de Yemanjá doada pela FUGABC. A Rainha do Mar reina sozinha nessas duas praias do litoral sul paulista, sendo dia 8 de dezembro, dia de Nossa Senhora da Conceição, a Festa de Yemanjá. Já as comemorações de Oxum ficaram para o dia de Nossa Senhora Aparecida e todo o restante do calendário umbandista é orientado por datas católicas, correspondentes aos santos e orixás.

Quatro olhares para o sincretismo afro-católico na Umbanda

O olhar para o sincretismo assume diferentes aspectos dentro da Umbanda, por causa da liberdade de interpretações que existe dentro dela mesma. O umbandista tem diferentes formas de se relacionar com Maria, que resultam em olhares diferentes para o sincretismo. Coloco aqui quatro olhares distintos:

• O primeiro olhar é um "olhar católico", de desinformação sobre a cultura afro. O recém-convertido ou o adepto, ao ser questionado, por exemplo, quem é o Orixá Oxum ou Yemanjá, responde simplesmente que é Maria Mãe de Jesus. Não há um interesse pela cultura e a presença da divindade africana.

• O segundo olhar é um "olhar afro", de desinteresse pelo santo católico. A presença deste é apenas figurativa para representar o Orixá, divindade que não possui uma imagem feita de gesso para ir ao altar, com exceção de Yemanjá. Assim, Nossa Senhora da Conceição ou Nossa Senhora das Graças está no altar apenas como referência simbólica para se alcançar e louvar, quem realmente está lá, Orixá Oxum.

• O terceiro olhar é um "olhar de fusão" pelo qual Maria, Oxum e Yemanjá se fundem, não há mais uma e outra; Maria é Oxum e também Yemanjá. As lendas e os mitos confundem-se e apresentam-se nos cantos. Neles vemos "Maria, a mãe dos Orixás", "Maria, filha de Nanã Buroquê, a avó dos Orixás" ou "Yemanjá, mãe de todos os santos". Inclusive o conceito de santo e orixá se confundem. O adepto se expressa dizendo "meu santo de cabeça é Oxum", para esclarecer que esse Orixá é o "dono de sua cabeça", seu regente ou padrinho.

Há ainda um quarto olhar, que é o "Olhar de convivência". É um olhar que reconhece a afinidade entre os santos e orixás, Nossa Senhora da Conceição tem sincretismo com Oxum porque ambas têm as mesmas qualidades. Santo e orixá convivem juntos em harmonia, a qualidade e presença de um não diminui o outro. Existem clareza e esclarecimento sobre a origem e cultura que envolve santo e orixá.

Oxum não é Maria, mas ambas têm as mesmas qualidades e convivem juntas e em harmonia. Sozinhas elas já ajudam, juntas ajudam muito mais.

Uma nova experiência de Maria na Umbanda

Já comentamos, linhas antes, que a religião de Umbanda vem mudando de perfil, buscando sua identidade e, por que não, até mudando alguns paradigmas. Até alguns anos a literatura chamada "psicografada" ou "escrita mediúnica", pela qual os espíritos dão sua mensagem escrita, eram de característica do Espiritismo "Kardecista".

Nos últimos anos vem se observando uma literatura "psicografada de Umbanda", ou seja, livros de Umbanda escritos de forma mediúnica. Essa mudança de paradigma deve-se a um autor umbandista, Rubens Saraceni, que já publicou mais de 50 títulos nos últimos treze anos, o que vem incentivando outros umbandistas a realizarem a mesma experiência. O autor psicógrafo, médium e sacerdote de Umbanda, Rubens Saraceni, criou o primeiro curso livre de "Teologia de Umbanda" para estudar de forma teórica e teológica as questões pertinentes à Umbanda, vista de dentro. Na "Teologia de Umbanda" se reconhece que Deus é Um com muitos nomes diferentes, como Alá, Zambi, Tupã, Olorum, El, Adonai, Jah, Javé, Aton, Brahman, Ahura Mazda, entre outros. Da mesma forma, os diversos "Tronos de Deus"

"Divindades" ou Deuses manifestam-se em várias culturas, "à moda" de cada uma delas. Assim, o "Trono Feminino do Amor" ou "Divindade feminina do Amor" é conhecida como Oxum, Ísis, Lakshimi, Afrodite, Vênus, Hebe, Kwan Yin, Freyija, Blodeuwedd, entre outros nomes, sendo a mesma manifesta sob diferentes formas. Maria personifica esse trono na cultura católica, portanto seu sincretismo com Oxum torna-se natural, legítimo e justificado. Maria tem as qualidades do "Trono Feminino do Amor" e do "Trono Feminino da Geração", como Yemanjá, Tétis, Hera, Parvati, Danu, Friga e outras. Todas as divindades convivem juntas e se expressam de muitas formas, lembrando a ideia das "Máscaras de Deus".

Conclusão
Podemos ainda lembrar que Maria ocupa o posto que antes pertencia às "deusas pagãs". O Catolicismo fez sincretismo de culturas e valores, durante sua expansão por territórios desconhecidos ao Cristianismo. Podemos dizer que a Deusa também está no inconsciente coletivo que busca elementos conhecidos para concretizar-se em uma realidade palpável.

Por fim, podemos dizer que onde houver duas ou mais culturas haverá sempre o sincretismo, que marca o encontro entre elas. Maria faz parte de uma cultura que dominou todo o Ocidente e boa parte do Oriente. No mundo pós-moderno e globalizado, cada vez mais encontraremos sincretismos e associações a Maria. Independentemente de como possa ser interpretada, concluímos que Maria faz parte da Religião de Umbanda e se manifesta de formas diferentes dentro desta mesma religião.

Bibliografia

BASTIDE, Roger. *As Religiões Africanas no Brasil*. São Paulo: Editora da Universidade de São Paulo e Editora Livraria Pioneira, 1971.
CAMARGO, Cândido Procópio Ferreira de. *Kardecismo e Umbanda: Uma Interpretação Sociológica*. São Paulo: Editora Livraria Pioneira, 1961.
CUMINO, Alexandre. *Deus, Deuses, Divindades e Anjos*, São Paulo: Madras Editora, 2008.
LINARES, Ronaldo; TRINDADE, Diamantino e VENEZIANI, Wagner. *Iniciação à Umbanda*, São Paulo: Madras Editora, 2007.
SARACENI, Rubens. *Orixás: Teogônia de Umbanda*, São Paulo: Madras Editora, 2005.
SARACENI, Rubens e XAMAN, Mestre. *Os Decanos: Os Fundadores, Mestres e Pioneiros da Umbanda*, São Paulo: Madras Editora, 2003.
SARACENI, Rubens. *Doutrina e Teologia de Umbanda*, São Paulo: Madras Editora, 2008.

Leitura Recomendada

Médium
Incorporação não é Possessão
Alexândre Cumino

A Umbanda já completou mais de cem anos de existência neste mundo e, no entanto, até agora não havia nenhum título específico sobre a mediunidade de incorporação umbandista. Este é o primeiro título que aborda de forma simples e prática o desenvolvimento mediúnico de incorporação na Umbanda, refletindo sobre as dificuldades e conflitos pelos quais passam a maioria dos médiuns de incorporação.

Exu Não é Diabo
Alexândre Cumino

Afirmar que "Exu não é o Diabo" é muito certo, fácil, tranquilo e claro para todos que conhecem Exu Orixá ou entidade, também considerado guia, guardião, amigo e mestre. No entanto, nesse contexto, não basta dizer quem é Exu, mostrá-lo, revelá-lo ou desmistificá-lo. É preciso questionar, também, quem é ou o que é Diabo.

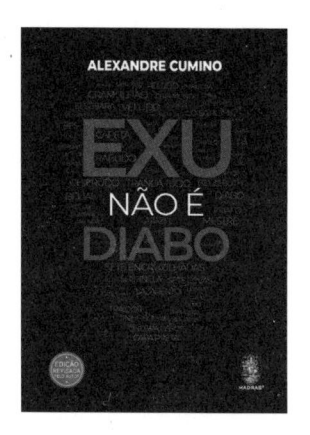

Pombagira, A Deusa Mulher Igual Você
Alexândre Cumino

Alexândre Cumino, bacharel em Ciências da Religião, sacerdote de Umbanda, médium, dirigente espiritual de uma comunidade umbandista há mais de duas décadas e discípulo do Mestre Rubens Saraceni, descobriu que "não sabia que não sabia" muita coisa sobre a mulher, a sociedade e a Pombagira.

www.madras.com.br

MADRAS® Editora — CADASTRO/MALA DIRETA

Envie este cadastro preenchido e passará a receber informações dos nossos lançamentos, nas áreas que determinar.

Nome _____
RG _____ CPF _____
Endereço Residencial _____
Bairro _____ Cidade _____ Estado ____
CEP _____ Fone _____
E-mail _____
Sexo ❏ Fem. ❏ Masc.   Nascimento _____
Profissão _____ Escolaridade (Nível/Curso) _____

Você compra livros:
❏ livrarias   ❏ feiras   ❏ telefone   ❏ Sedex livro (reembolso postal mais rápido)
❏ outros: _____

Quais os tipos de literatura que você lê:
❏ Jurídicos   ❏ Pedagogia   ❏ Business   ❏ Romances/espíritas
❏ Esoterismo ❏ Psicologia ❏ Saúde   ❏ Espíritas/doutrinas
❏ Bruxaria   ❏ Autoajuda   ❏ Maçonaria ❏ Outros:

Qual a sua opinião a respeito desta obra? _____
_____

Indique amigos que gostariam de receber MALA DIRETA:
Nome _____
Endereço Residencial _____
Bairro _____ Cidade _____ CEP _____

Nome do livro adquirido: <u>Incorporação e o Sentido da Vida</u>

Para receber catálogos, lista de preços e outras informações, escreva para:

MADRAS EDITORA LTDA.
Rua Paulo Gonçalves, 88 – Santana – 02403-020 – São Paulo/SP
Tel.: (11) 2281-5555 – (11) 98128-7754
www.madras.com.br

MADRAS®

MADRAS® Editora

Para mais informações sobre a Madras Editora,
sua história no mercado editorial
e seu catálogo de títulos publicados:

Entre e cadastre-se no site:

www.madras.com.br

Para mensagens, parcerias, sugestões e dúvidas, mande-nos um e-mail:

marketing@madras.com.br

SAIBA MAIS

Saiba mais sobre nossos lançamentos,
autores e eventos seguindo-nos no facebook e twitter:

@madrased

/madraseditora